宇野重規
Uno Shigeki

筑摩選書

民主主義のつくり方

民主主義のつくり方　目次

民主主義のつくり方

はじめに

民主主義への不信

民主主義への不信が募っている。

ある人々は民主主義があまりに変わらなすぎると批判する。グローバル化とＩＴ化が進む現在、社会の変化は早くなるばかりである。にもかかわらず、民主主義の対応はつねに遅く、なかなか必要な判断ができない。熟議は必要だろうが、いつまでたっても結論が出ないようでは困る。リーダーによるスピードある決断こそが大切だと人々は説く。

逆に、民主主義の変わりやすさを嘆く人々もいる。あげられるのは、二〇〇〇年以降の日本政治だ。〇五年の郵政解散選挙で小泉改革を支持した民意は、〇九年には民主党による政権交代を選択した。そうかと思えば、一二年の総選挙と一三年の参院選は安倍自民党の圧勝に終わった。不安定で移ろいやすい「民意」を信じていいものか。人々は不満を隠さない。

ひょっとしたら、同じ人がこの二つの、あるいは矛盾するかもしれない民主主義のイメージを口にしてしまうのが、現代なのかもしれない。そして人々は自問する。民主主義とはいったい何なのか。民主主義とは、私たちが信じるに足る仕組みなのか、と。

深刻なのは、現代の日本が高齢化と少子化の常態化した、いい意味でも悪い意味でも成熟した社会であるということだ。今後、日本社会にいろいろな変化が訪れるだろうが、人口が急激に増大し、再び高度経済成長が起きることだけはありそうにない。

人口が増え、経済が発展する時代には、激しい変化のなかでさまざまな矛盾が生じる。とはいえ、そのような矛盾は成長の影に隠れがちであるし、いずれにせよ、成長が最終的には問題を解決してくれると期待することも可能である。成長が続けば、その成果である富の再配分も容易だろう。実際、多くの独裁国家では、成長のなかで社会の中産階級が増加し、その発言力の拡大によって民主化が進んだ。

逆に、成熟社会の民主主義は、富や豊かさの再配分を期待できないどころか、社会を維持していくにあたっての負担を人々に再配分していかねばならない。とはいえ、消費税問題一つをとってみても、負担を喜んで引き受ける人などどこにもいない。はたして収縮時代の《シュリンキング・》民主主義《デモクラシー》は、誰もが納得できるような解を示すことができるのだろうか。

民主主義とは、自分たちの社会の問題を、自分たちで考え、自分たちの力で解決していくことのはずだ。とはいえ、問題を直視することを避け、逡巡する民主主義は、安易な解決や救世主を求めてさまよい続ける。どこにも引き受け手のいない民主主義の混迷は、深まるばかりである。

〈ルソー型〉民主主義の隘路

本書は、このような民主主義への不信が募る現代にあって、あえて民主主義を擁護するものである。その際、〈ルソー型〉から〈プラグマティズム型〉へと、民主主義像を転換することを目指す。とはいえ、〈ルソー型〉といい、〈プラグマティズム型〉といい、何のことだかよくわからない読者も少なくないはずだ。

ジャン゠ジャック・ルソーとは、いうまでもなく、『人間不平等起源論』(一七五三年)や『社会契約論』(一七六二年)で知られる、一八世紀フランスの思想家である。ここでルソーの思想を詳しく説明する余裕はないが、彼の「一般意志」という概念は、近年あらためて注目されている。

ルソーは問う。すべての人々と結びつきながら、しかも自分自身にしか服従せず、自由であり続けることは可能か。答えは社会契約しかないと彼はいう。すなわち、すべての個人は、他の個人と同一条件の下、一つの社会の構成員となる契約を結び、その社会の共通の意志に従うことを約束するのである。

問題は、社会の共通意志だ。もちろん、一人ひとりの個人には意志がある。とはいえ、それらはいわば、特殊意志に過ぎない。かといって、特殊意志をただ集計しても、ばらばらな個人の意見の総体であることに変わりはない。

ここでルソーは、「一般意志」という概念をもち出す。一般意志とは、ばらばらな個人の意志の単なる集計ではない。社会が真に一体になったときに現れる、「共同の自我」の意志こそが一般意志である。社会が一つの自我をもつというのは、いささかオカルト的にも響くが、ルソーはもちろん大真面目である。

それどころか、共通の意志である一般意志が各人の特殊意志と食い違った場合には、一般意志の方が優越するとルソーはいう。一般意志の方が正しいのだから、特殊意志はそれに従って当たり前というわけである。むしろ一般意志に従うことで、人は「自由であるように強制される」[1]とさえいう。

ここらあたりから、ルソーの議論は怪しくなっていく。とはいえ、ルソーのロジックのどこが間違っているのかといわれると困る。多くの研究者が、さまざまな解釈を試みてきたが、いまだ共通の結論をみない。

一般意志とはいわば究極の理想であり、人々はそこには到達できないとしても、議論を繰り返すことで少しでも近づいていく、いわば目標のようなものであるという解釈がある。

それとは別に、現代のインターネット技術によって、はじめて一般意志の存在がリアルなものになったという考えもある。[2] ネット上に展開される多様な思考や感情のうち、Googleに代表される検索システムのアルゴリズムによって抽出された結果こそが、一般意志だというわけだ。

とはいえ、真に一体化し、共同の自我をもつに至った社会の一般意志というフィクションに頼ることなしに、民主主義を擁護することはできないだろうか。

もちろん、フィクションだからいけないというわけではない。むしろ、政治においてフィクションは不可欠である。実際に存在するわけではないが、それがあるかのごとく人々が振る舞うことで、一つの現実を生み出していくのがフィクションである。高度な知的作用としてのフィクションなしに、複雑な社会は維持できない。

とはいえ、民主主義にとって一般意志とは、そこまで不可欠なフィクションなのだろうか。一般意志というフィクション抜きに、民主主義を構想することは不可能なのだろうか。どうしても疑問は残る。

1――J・J・ルソー（桑原武夫・前川貞次郎訳）『社会契約論』、岩波文庫、一九五四年、三五頁。
2――東浩紀『一般意志2・0　ルソー、フロイト、グーグル』、講談社、二〇一一年。

主権論を越えて

ポイントは主権論にあるのかもしれない。たしかに、君主主権から人民主権へというルソーの議論は、目覚ましい転回にみえる。とはいえ、担い手の変更にもかかわらず、社会の内外に対し、一つの優越的な意志が存在するという主権論のロジックには、いささかの変化もない。ある意味で、ルソーは主権論をそのまま継承し、その担い手を、君主から人民へと入れ替えただけともいえる。

後で検討するように、近代ヨーロッパの主権論は、宗教戦争のなかから生まれた。宗教上の対立が、ただちに政治的対立につながり、殺し合いの原因となる。そうだとすれば、異なった世界観を棚上げにするしか道はない。必要なのは、複数の世界観を超越する、一つの意志の存在であるという考えが主権論の背景にある。

ルソーの人民主権論もまた、このような主権論を受け継いでいる。人民全体の一般意志が、具体的な諸個人の特殊意志の上に君臨する――このようなイメージも、主権論に起因している。一般意志なるものが、実は自分自身の意志なのだといわれても、抑圧的であることに何ら変わりはない。

とはいえ、このような主権論を克服することは容易ではない。一つの優越的な意志がよくないなら、それを多元化し複数化すれば、それで済むというわけではない。互いに相容れない多様な意志の相克を克服するためには、さらなる政治の構想が不可欠である。

結果として、現代においては、市場モデルで政治を語ることが一つの流行になっている。人々が議論を重ね、一つの意志を共有するというのは、たしかに無理なフィクションなのかもしれない。そうだとすれば、各個人がそれぞれの意志をもって、相互に無関心なままに行動するしかない。各自の自己利益の追求が、市場のような非人格的なメカニズムによって調整される、という考え方の方が自然だというわけである。

さらには、各個人は自らの利益を合理的に追求し、そのような個人による選択がさまざまな制度を媒介として集積されることで、すべての政治現象が生起すると考える合理的選択理論も有力になっている。いずれにせよ、社会における意志の共有や、すべてに優越する一つの意志の存在を前提としていないことがポイントである。

このような捉え方は、個人化が進み、人々の社会的な紐帯《ちゅうたい》が希薄化しているといわれる現代において、独特のリアリティと説得力をもつだろう。とはいえ、私たちは、共同の意思決定としての民主主義という理念を、完全に放棄してしまっていいのだろうか。人と人との対話や交渉の余地を極力少なくしようとすることが、唯一可能な政治的構想だといい切ってしまって、何かを失うことにはならないのか。

繰り返すが、自分たちの力で、自分たちの社会を変えていくことが民主主義の本質のはずである。この理念を完全に放棄するとき、私たちは、端的に無力になる。どこかで誰かが、あるいは何らかのシステムが、自分たちの欲求を調整してくれることを期待している私たちは、すでに自らの運命を誰かに委ねてしまっている。

ここで少し、発想を転換してみよう。例えば、集団はもちろんのこと、個人においてさえ、一つの明確な意志をつねに当然の前提にできるのだろうか。人間とは、はるかに多様な情念に突き動かされている存在なのではないのか。そうだとすれば、民主主義を再検討するにあたっても、明確な意志の担い手としての人間像そのものを問い直すことが必要になってくる。

さらにいえば、人間の意志とは、後になってみて、はじめてそのような意志があったと解釈することができるものかもしれない。実際のところ、多くの場合、当事者は各瞬間に自分が何を意志しているのかを明確に意識してはいない。意志とは事後的に発見されるものなのだという視点も、民主主義を捉えるためには必要なのではなかろうか。

プラグマティズムとは何か

ここで出てくるのが、〈プラグマティズム型〉の民主主義観である。

プラグマティズムというのは、アメリカが生み出した固有の哲学である。南北戦争後のハーヴァード大学の周辺には、後の連邦最高裁判事オリヴァー・ウェンデル・ホームズ、心理学者としても活躍するウィリアム・ジェイムズ、さらに記号論理学者のチャールズ・サンダース・パースら、若き哲学徒が集まった。彼らがつくり出したのがプラグマティズムという思考法であり、後に教育学者のジョン・デューイらにも継承され、アメリカの精神的基礎の位置を占めるようになる。

とはいえ、プラグマティズムといえば、しばしば実用主義、あるいは道具主義と訳されるように、哲学的な原理はともかく、結果だけが重要であるという思想として表面的に理解されることが多い。ドイツ観念論のような重厚な哲学とはおよそ対照的な、思想としては浅薄なものであるという偏見も根強い。

しかしながら、プラグマティズムが、六二万人もの死者を出した南北戦争への反省から出発したことを忘れてはならない。プラグマティズムの創始者たちにとって、南北戦争とは何よりもまず、自らこそが絶対に正しいと信じて、信念を共有しない人々の存在を許さないイデオロギー的な対立の産物であった。

近代主権論が宗教内乱のなかから生まれたとすれば、プラグマティズムは南北戦争後の荒廃から出発した思想である。とはいえ、プラグマティストたちは、人間にとっての信念を棚上げにしようとはしなかった。むしろ、人々の「信じようとする権利」（ウィリアム・ジェイムズ）を最大限に重視したのが、プラグマティズムである。

生活の多くの場面で、人間はすべての証拠がそろう前に判断しなければならない。最終的な答えがわからないにもかかわらず、一つの選択肢に命運をかけることを余儀なくされることもしばしばだ。そのような決断こそが人間の宿命であるというのは、南北戦争を戦った世代にとっての実感であった。

問題は、人間が行動するにあたって選びとった理念が正しいことを、神学的・形而上学的に論証することではない。すべての人間には、自分の選びとった理念を追求する権利があり、重要なのはむしろ、そのような理念が結果として何をもたらすかである。

プラグマティストたちにとって、理念とは、人間が世界に適応し、世界を変えていくための実際的手段であった。人はある理念を選び、その理念をもつことによってはじめて世界と切り結び、世界を理解することができる。理念は人間と世界をつなぐ媒介なのである。

その意味で、プラグマティストを実用主義者と訳すのは、半分正しくて、半分間違っている。ある理念は、それ自体で評価されるべきではなく、あくまでそれを使い、実践することと不可分であるとする点で、たしかに彼らの思想は実際的であり、実用的である。人間は考えがあるから行動するのではなく、行動する必要があるから考えをもつと彼らは説いた。

とはいえ、プラグマティストたちは、人間の思想の中身をどうでもいいとはけっして考えていなかった。心理学者のジェイムズは個人にとっての宗教的経験に着目し、論理学者のパースは、中世普遍論争における実在論[3]に深い共感を示した。彼らはむしろ、きわめて宗教的な人々であったのかもしれない。

ただ、プラグマティストたちは、ある理念がそれ自体として真理であるかどうかには、ほとんど関心をもたなかった。というよりも、それを真理であると証明することは不可能であると考えていた。そうだとすれば、ある理念に基づいて行動し、その結果、期待された結果が得られたならば、さしあたりそれを真理と呼んでもかまわない。彼らはそのように主張したのである。

重要なのはむしろ、各自が自らの理念をもつことに関する平等性と寛容性である。デューイによれば、各人は自らの運命の主人公であり、その運命にはあらかじめ決定された結論はない。人々が思想を徹底的に使い尽くすことこそが重要であり、だからこそ、その試みを尊重する必要性がある。

さらにいえば、民主主義そのものが実験であり、実験の本性上、つまずくこともありえる。人民の単一の意志の優越という民主主義モデルから、実験としての民主主義モデルへの転換

3――中世ヨーロッパにおいて展開された哲学的・神学的論争。「普遍は存在する」と主張する実在論と、実在するのは個物のみであり、普遍概念は名のみであるとする唯名論の間で争われた。

が、ここにはみられる。

習慣の重要性

プラグマティストたちが強調したのは、理念や思想といったものが、あくまで社会的なものだということである。この点について、プラグマティストたちは、唯物論と観念論の両者を批判する。

まず、すべての理念を個人に属するものと考え、人間と人間の間に介在するものとして捉えなかったのが、唯物論の誤りである。このように論じたプラグマティストたちにとって、理念は個人的なものでも、内面的なものでもなかった。普通の諸個人の間に広く共有されることで、理念ははじめて社会的なものとなる。

それでは、理念はどのようにして社会的になるのか。プラグマティストたちが重視したのが習慣である。人々は行動の必要にかられて判断し、事後的にその根拠を探る。そのような行動が繰り返され、やがてパターン化していくことで習慣が形成される。

もちろん、習慣といっても、人々が正確に同じ行動をするわけではない。人間をめぐる状況はつねに異なり、したがって行動も完全に同一なわけではない。とはいえ、多様な経験を繰り返すことで、人々は習慣を形成し、そのような習慣は最終的には一つの規範の周辺に集まってくる。多くの人が納得し、意味があると思う習慣のみが生き残っていくからである。

そのような習慣が再生産されることで、社会の不確定性は次第に低下していく。社会全体をみて平均をとれば、一定の予測可能性も生じてくる。しかしながら、そのように安定した習慣のうちに体現される理念を見出し、そこからあたかも精神を実体であるかのように論じたのは、観念論の行き過ぎであった。理念は、あくまで行為においてのみ具現化されるものである。何も理念がそれ自体として存在して、世界を動かすわけではない。

プラグマティストたちは、世界を決定論的には捉えなかった。人間の世界に必然を認めなかった彼らは、純然たる偶然のなかから多様な習慣が生まれ、それらが定着していくことを通じて、次第に世界が安定化していくと考えた。

とはいえ、習慣は時間のなかで変化しないわけではない。たしかに、一定の繰り返しを通じて定着した習慣は、個人から個人へ、集団から集団へと共有され、継承されていく。一人ひとりの個人はそれと意識することなく、習慣を受け継いでいくのである。にもかかわらず、習慣は時間のなかで間違いなく変化していく。

習慣が極度に固定化され、変化しなくなれば、それは物質に近づいていく。硬直化し、化石化した習慣によってがんじがらめになった人々は、あたかも歳をとり、老化したようになる。ある国民は、つねに構成員が入れ替わる以上、それ自体として高齢化することはないが、蓄積された習慣が固定化することで実質的に歳をとる。

逆にいえば、新たな習慣をつくり出すことによって、社会はつねに更新されていく可能性がある。教育において重要なのは、子どもたちの自由な創意を育むことであり、学校とは実験の場であると主張したデューイは、新たな社会的実践によって民主主義をつねに再創造していくことを重視した思想家であった。

本書の構成

本書は、このようなプラグマティズムの思想を一つの導き手として、困難な状況に陥った現代民主主義の再生をはかるものである。その際にまず、プラグマティズムが重視した「経験」に注目する（第1章）。民主主義とは制度や理念である前に、一つの「経験」なのではなかろうか。そうだとすれば、「民主主義の経験」を、私たちはいかにして取り戻せるのかを考えるのが、その目的である。

次に、現代民主主義の行き詰まりの背景にある、近代政治思想の隘路《あいろ》について考える（第2章）。主権論について指摘したように、近代政治思想の出発点にあるのは宗教内乱である。この宗教内乱を「克服」する過程で、近代政治思想は固有の特徴をもつことになった。このような特徴が、現代における民主主義論の困難の原因であるとすれば、それをいま一度再確認しておく必要がある。

その上で、いよいよプラグマティズムの思想について詳しく検討する（第3章）。パース、ジェイムズ、デューイらの考えたプラグマティズムとはいかなる思想であったのか。なぜ、その思想は民主主義論と結びつくのか。プラグマティズムの意義を、「習慣の力」と「信じようとする権利」を中心に検討する。

最後に、このようなプラグマティズムの思想が、なぜ現在の日本において意味をもつのかについて、考えたい（第4章）。プラグマティズムの優位性が示されるのは、何よりもまず市民社会における多様な結社、および地方自治の実践においてである。多様な社会実験の場としての社会的企業と地方自治の意味を考察することで、〈プラグマティズム型〉の民主主義の可能性を検討したい。

このような考察を通じて、民主主義を自分たちにとってより身近な、使い勝手のいいものにすること、いわば、「民主主義のつくり方」の道筋を明らかにすることこそが、本書の最大の目的である。

とはいえ、本書はけっしてノウハウ本ではない。あくまで原理的に「民主主義のつくり方」を考えていくことが、本書の唯一にして最大の課題である。一人でも多くの読者、とくに若い人に読んでいただけると、とてもうれしく思う。

第1章

民主主義の経験

1　アメリカという夢

「想像力の夢見る場所」

自分が生まれたときのことを覚えている人間はいない。大きくなって、自意識に目覚めた頃には、幼少の記憶などどこかに消えてしまっている。国も同じで、その出発点は霧のなかにある。ところが例外もある。アメリカだ。この国だけは、出発時の記録が明確に残っている。

一九世紀フランスの思想家アレクシ・ド・トクヴィルは、『アメリカのデモクラシー』（第一巻、一八三五年、第二巻、一八四〇年）を執筆するにあたって、アメリカの出発点を再確認している。アメリカは移民の国である。移民は、祖国を捨てて旅立つが、祖国を捨てるにはそれ相応の理由があるはずだ。おそらく、幸福な理由は少ないだろう。移民の多くは祖国での諸関係を捨てて出発したが、結果として、アメリカには貴族制がもち込まれることがなかった。

しかも、アメリカには広大な土地が拡がっていた。西の開拓地に行けば、新たな土地が得られる。このような国において、農民は自分の手で土地を耕すしか手段はなかった。小作人制度が入り込む余地はなかったのである。トクヴィルは、貴族制が存在しなかったこと、つねにフロンティアがあったことを、アメリカの出発点として強調している。

このようなアメリカの土地は、まさに民主主義が花開く場所にみえる。しかしながら、トクヴィルにいわせれば、このような場所ならば自動的に民主主義が成立するというわけではない。実際、アメリカ大陸には、奴隷制を導入して、むしろ貴族制に近い社会を発展させた地域もあった。

トクヴィルが重視したのは、民主主義の「種子」である。この種子は、旧大陸のテューダー朝イングランドにおいて育まれ、新大陸のニュー・イングランドの土地に移植された。トクヴィルはこの種子を「地方自治」の習慣と「人民主権」の教義と呼んだ。宗教的理由から祖国を脱した、教養ある中間層がこの種子を新大陸に運んだのである。

この種子は祖国では十分に育ち切らず、新大陸ではじめてしっかりと根を下ろした。逆に、アメリカであっても、このような種子がなければ民主主義は開花しなかった。トクヴィルは「古き封建社会の中から、古典古代も夢見なかった大規模なデモクラシーが武装して脱出した」と表現し[1]、またニュー・イングランドを「想像力の夢見る場所、改革者の自由な実験に委ねるべき地域」に例えている。[2]

この場合、ニュー・イングランドに移植されたのは「人民主権」の単なる理論ではなかった。それは、タウンシップという地域コミュニティにおける「自治」という習慣を伴っていた。このような習慣に支えられて「タウンの中に身を隠した」人民主権の原理は、やがてアメリカ革命の際にタウンから飛び出し、ついには政府を奪取するに至ったとトクヴィルは説明する。

民主主義の経験

このようにトクヴィルは、連邦政府レベルでの統治システムや議会政治に先立って、移民社会としてのアメリカの出発点と、地域コミュニティでの自治の実践を強調した。このことは看過できない重要性を秘めている。

というのも、今日の私たちは、民主主義というと、とかく国政レベルでの選挙や議会政治を想像しがちであり、民主主義をいわば、自分たちから遠いところにある制度や仕組みの問題として考えがちだからである。しかしながら、トクヴィルがまず強調したのは、民主主義とは、移民社会であるアメリカにおいて、名も無い人々が実際に経験したことや、その際の感覚であるということだった。

その感覚とは、いわば自分たちが誰にも従属していないという感覚である。人々は等しく自由であり、誰も特別な存在ではない。したがって、人々は自分たちの力で社会をつくっていかねばならないが、そこに自然の支配者は存在しない。いいことも悪いことも、すべては自分たちから発し、自分たちに帰ってくる。外で操っている人間など存在しない。

「ここでは社会がそれ自身の力で、それ自身に働きかける。力は社会の内部にしか存在しない。（中略）神が宇宙を統《す》べられるように、人民がアメリカの政治の世界を支配している」[3]。これこそが、民主主義の出発点にあった感覚であった。そして多くの人が、この感覚を抽象的な理論として理解したのではなく、実際に経験していたことが何よりも重要であった。

しかし、このような民主主義の経験が、その後のアメリカ民主主義の政治過程においても保持されたとは限らない。むしろ、アメリカにおいても、やがて民主主義とは選挙であり、政治家による議会政治であると認識されるようになる。

それでは、民主主義の経験は、歴史のなかで完全に忘却されてしまったのだろうか。重要なのは、このような原初の経験が、それでもアメリカ社会の基層のどこかに残され、時とし

1——トクヴィル（松本礼二訳）『アメリカのデモクラシー』、岩波文庫、第一巻（上）、二〇〇五年、五九頁。
2——トクヴィル『アメリカのデモクラシー』、第一巻（上）、六〇頁。
3——トクヴィル『アメリカのデモクラシー』、第一巻（上）、九三頁。

てそれが地表の上に顔を出したということである。

イソノミア

その意味で、トクヴィルがアメリカを観察してから一世紀以上が過ぎた二〇世紀中葉、超大国となったアメリカに移住した二人の思想家が、ある古代ギリシア語に着目して民主主義の原体験を語ったことは注目に値する。

二人の思想家とは、フリードリヒ・ハイエクとハンナ・アレントであり、ある古代ギリシア語というのはイソノミアである。

オーストリアに生まれたハイエクと、ドイツ出身のアレントは、それぞれの理由からアメリカに移り住む。『隷従への道』（一九四四年）でナチス・ドイツやソ連の計画経済を告発したハイエクと、『全体主義の起源』（一九五一年）でナチズムやスターリニズムによる人権抑圧を批判したアレントは、表面的には似た対象を問題にしているようにもみえる。とはいえ、両者の思考は根本的に異質であり、[4] 共通点は必ずしも多くない。

ところが、二人の思想家は一九六〇年代に、ともに独特な本を執筆する。ハイエクの『自由の条件』（一九六〇年）とアレントの『革命について』（一九六三年）である。公民権運動がさかんであった当時、この動きに距離をとった二人の思想家による問題提起は広く理解されたとはいいがたいが、[5]興味深いことに、両者とも本のなかで「イソノミア」という概念に言及している。

イソノミアとは、日本でも近年、柄谷行人によって再評価の対象になっている概念であるが、[6]元々はヘロドトスやトゥキュディデスらによって用いられた語である。古代ギリシアの都市国家における市民間の政治的権利の平等を指す言葉であり、同時に民衆の支配する政治体制を意味した。とはいえ、その後の英語においては、もっぱら「法の前の平等」を意味するようになり、やがて言葉自体が使われなくなる。

これに対し、アレントはこの言葉を、「市民が支配者と被支配者に分化せず、無支配関係《ノー・ルール》のもとに集団生活を送っているような政治組織の一形態を意味していた」[7]と理解する。民主主義《デモクラシー》があくまで、民衆（demos）による支配（cracy）であったのに対し、そもそも一切、支配や被支配が存在しないことがイソノミアであった。完全に平等と自由が一致したとき、支配そのものが存在しなくなる。そのような理念がイソノミアという概念には秘められていた

4——個人の選択がいかなる強制によっても妨げられないことに自由の本質を見出したハイエクに対し、アレントは、言語を介して個人が他の市民とともに政治的空間をつくり出していくことに自由の意義を見出した。
5——両者はともに、強大化する連邦政府の介入に違和感を隠さなかった。
6——柄谷行人『哲学の起源』、岩波書店、二〇一二年。
7——ハンナ・アレント（志水速雄訳）『革命について』、ちくま学芸文庫、一九九五年、四〇頁。

とアレントは解釈する。

これに対してハイエクは、あくまでこの言葉を「法の前の平等」として理解する。[8] ハイエクにとって重要なのは、人ではなく法が支配することであり、政治への平等な参加は副次的な意味しかもたなかった。ところが近代とは、人民の権力の名の下に、民主主義によって「法の前の平等」が蹂躙されていく時代であった。そうだとすれば、人々が行動するにあたって、法によって事前に明示的に禁止されたこと以外は、すべてが自由であるという「法の前の平等」を、あらためて確認することが肝心である。ハイエクにとって、民主主義よりもイソノミアの方がはるかに重要であった。

問題は、両者のイソノミア理解のどちらが正しいかではない。より本質的なのは、同時代のアメリカ社会に違和感をおぼえた二人の思想家が、ともに民主主義に対抗する意味で、イソノミアに言及したという事実である。

現代の民主主義においては、何かが抑圧され、忘却されている。この何かを取り戻さない限り、いまのままでは民主主義は空洞化していく一方である。このような認識は、たしかに二人の思想家に共有されていた。その上で、その「何か」について、二人の思想家は同じくイソノミアに言及しつつ、異なる展望を示した。

とはいえ、「無支配」にせよ「法の前の平等」にせよ、人による人の支配以前にあった、原初的な平等関係に着目していることだけは間違いない。本書が追跡する民主主義の経験もまた、このような意味でのイソノミアと深く結びついているはずである。

トランセンデンタリズム

ここで再び、時間の針を遡らせてみたい。ちなみにトクヴィルが観察したのは、独立してから半世紀あまりのジャクソン大統領時代のアメリカであった。ようやく西部への拡大を開始したアメリカは、以後、一世紀以上をかけて、「アメリカとは何か」を確認していく。それは言い換えれば、トクヴィルがアメリカに見出した民主主義の種子がその後、どのように成長していったのかということに等しい。

ここで注目すべきは、トランセンデンタリズム(超越主義)と呼ばれる運動である。ラルフ・ウォルドー・エマソン、ヘンリー・デイヴィド・ソロー、あるいはウォルト・ホイットマンといった文学者によって知られるトランセンデンタリズムは、一九世紀前半にあって、アメリカ人の自意識に決定的な影響を与えた思想・文学運動であった。トランセンデンタリズムは、まさに「アメリカン・ルネサンス」を推し進めたのである。

8――F・A・ハイエク(気賀健三・古賀勝次郎訳)『自由の条件』[II]、春秋社、二〇〇七年。

トランセンデンタリズムの礎をすえたのはエマソンである。ウィリアム・ジェイムズやチャールズ・サンダース・パースら、後のプラグマティズムの哲学者たちにとって、エマソンは父親の世代にあたる。実際、ジェイムズにせよ、パースにせよ、子どもの頃からエマソンは親しい存在であり、彼から大きな思想的影響を受けている。

プラグマティズムがマサチューセッツ州ケンブリッジのハーヴァード大学周辺で始まったとすれば、トランセンデンタリズムは、そこから近いコンコードの村を中心とした運動である。ジェイムズらが大学に基盤を置く知識人であったのに対し、エマソンやソローらはまさに市井の人であり、職業的な知識人ではなかった。このような彼らが紡《つむ》いだ言葉であったからこそ、彼らの思想は普通のアメリカ人の間に浸透していったのであろう。

それでは、トランセンデンタリズムとはいかなる思想か。その名が示すように、超越的な何かを追い求める思想であることは間違いないが、この場合の超越的なものとはキリスト教のそれではない。むしろ、エマソンがいったんは聖職者の道を目指したにもかかわらず、やがて離れたように、ニュー・イングランドにおいて有力だったカルヴィニズムの伝統に対抗して登場したのがトランセンデンタリズムであった。

問題はカルヴィニズムにおける原罪の思想であった。人間が生まれながらに罪を負っていることを強調するカルヴィニズムは、やがてアメリカの地にあって、むしろ人間は元来善の存在であるはずだとする方向へと変質していく。三位一体を否定したユニタリアニズムを代表に、いつしかアメリカのキリスト教からは原罪の思想が脱落していった。このような、いわばポスト・カルヴィニズム的な思想的風土にあって、トランセンデンタリズムはあらためて個人の良心を強調するものであった。

個人の道徳感情や宗教的直観を通じて、どこか遠くに超越的なものを仰ぎみる――このような感覚こそがトランセンデンタリズムを特徴づけている。エマソンは「自己《セルフ》」を信頼すべきだと説いたが、そのような自己はけっして孤立したものではなかった。むしろ、自己をより深く掘り下げることによって、自然のなかに秘められた大いなる精神や、現在の彼方にある無限の未来へとつながっていく。このような信念こそが、トランセンデンタリズムを支えていた。

トランセンデンタリズムと民主主義

トランセンデンタリズムは、自然を賛美し、自然との神秘的な一体感を強調したが、それはある意味で、荒野で孤独に開拓を進める個人が、巨大な自然を前に自己をみつめたときに感じる思いに近いものであった。結果として、トランセンデンタリズムは、都市文明を批判する一方、個人の良心を否定するものに対し、敢然と不服従を促すことになる。

このようなトランセンデンタリズムこそが、アメリカ民主主義の基層にある。この場合、エマソン的な「自己信頼」の思想こそが、アメリカ的な個人主義を支えたことはもちろんであるが、両者のつながりはそれだけではない。エマソンの思想には、どこかアナーキスティックな側面があった。

ニーチェもまた、エマソンからその「悦ばしき知識」[9]を学んだとされるが、エマソンの思想には、キリスト教的な原罪の発想を越え、「伝統を顧みずに「未知の未来」へと飛翔しようとする個人への信頼」[10]が間違いなく存在した。

エマソンの「自己信頼」の思想は、けっして個人が自らの内に閉じこもることを推奨するものではなかった。有名な講演「アメリカン・スカラー（アメリカの学者）」においてエマソンは、「行動がなければ、思想はけっして実を結んで真理となりません。（中略）思想の準備となるものが行動であり、思想が無意識から意識へと変わる推移が行動です」[11]と説く。エマソンの説く自己信頼とは、独立独行の個人が、自らの手を動かして問題を解決することを価値とするものであった。

トランセンデンタリズムの基礎にあるのは、強烈な理想主義と個人主義であった。それは、既成の事実をひたすら承認し、自分の意に沿わない決定にも唯々諾々と従う精神とは対極にあるものであった。理想によって現状を告発し、時に孤立に陥ることも恐れず、変革に対してきわめてポジティブなのがこの思想の特徴である。

マハトマ・ガンディーやマーティン・ルーサー・キング牧師の不服従運動にも影響を与えたソローの「市民的不服従」の思想もまた、同じような知的文脈において捉えられるだろう。納得できない社会的状況に対しては、自らの信念を態度によって示すべきである。そのことを通じて、社会の多数派の道徳感覚に影響を与えることを目指す不服従は、その実践者が一定の数を上回れば、単なる抵抗を越えて、社会を動かす力をもつに至る。

マーケティングの理論に、エベレット・ロジャースによる「イノベーターの理論」がある。この理論によれば、新製品の購入にあたって革新的な人物（イノベーター）は二・五パーセントほどしかいないが、これに続く初期採用者（オピニオン・リーダー）が一三・五パーセントほどいれば社会的なトレンドとなる。いったん社会的なトレンドが生まれれば、やがて前期追随者（三四・〇パーセント）、そして後期追随者（三四・〇パーセント）が続く。最後まで保守的な遅滞者も一六・〇パーセントいるが、大勢を決するのは、革新者と初期採用者の合計一六・〇パーセントであるというのが、この理論のポイントである。

9――「悦ばしき知識」はニーチェの本の表題であるが、この言葉をニーチェはエマソンから受けとったという。
10――伊藤邦武『パースの宇宙論』、岩波書店、二〇〇六年、二〇頁。
11――ラルフ・ウォルドー・エマソン（斎藤光訳）「アメリカの学者」、『超越主義』、研究社出版、一九七五年、一九七頁。

このような現代のマーケティング理論は、ある意味で、いかにもアメリカ的なものである。実際、この理論が提唱されるやいなや、たちまちのうちにアメリカ社会の多様な分野で引用されるようになった。

確信者はつねに少数である。とはいえ、それらの人々が確固とした信念をもっているならば、やがてその影響が一定の閾値《いきち》を越えた瞬間、一気に社会を変える可能性がある。このような思考法に、アメリカにおける、トランセンデンタリズム以来の行動主義の痕跡を見出すことも不可能ではないだろう。

民主主義に先立つ「何か」

繰り返しになるが、重要なのは、トクヴィルが初期のアメリカ社会に見出した民主主義とは、けっして純粋な理論ではなく、地域社会における自治の経験であったということである。人々の平等は理想として語られたのではなく、移民社会の現実であった。自分たちは誰にも依存しておらず、それゆえに自分たちで自分たちの社会をつくっていくしかない。このような原初的な平等の感覚こそが、アメリカ民主主義のもっとも基層に存在した。

このような民主主義の経験は、やがて制度としての民主主義が確立していくなかで忘却されていく。とはいえ、その記憶は社会の基層からときとして復活する。一九六〇年代のアメリカ社会を異邦人のまなざしから観察した二人の思想家が、ともに民主主義に先立つイソノミアの経験を強調したのは、けっして偶然ではなかった。それは現行の民主主義への批判であると同時に、それに先立つ何かがアメリカにあったはずだという、理論家の洞察によるものであった。

エマソンやソローによるトランセンデンタリズムは、このような「何か」を証言するものである。都会を離れ、孤独の静けさのなかで大いなる自然と向き合うとき、自己のうちに自己を越えるものを見出し、その信念に基づいて現状への不服従と新たな実践を開始する。このようなヴィジョンは素朴だが、たしかにプラグマティズムの哲学者たちへと受け継がれていったものである。

民主主義の種子、イソノミア、そして自己信頼と不服従、このような民主主義の経験は、プラグマティズムのなかでどのように理論化されていったのだろうか。現実の民主主義の基層にありながら、しばしば忘却され、潜伏していた何かは、はたして今日でも復活させることができるのだろうか[12]。

2　プラグマティズムと経験

経験とは何か

ここまで「民主主義の経験」、あるいは「実験としての民主主義」について論じてきた。経験と実験は英語で書けば、experience と experiment である。ともに「向こうに行く」という原義から派生して、「(向こうに行って) 調べる、試す」ことを意味するようになったexperi- を語幹とする。ついでにいえば、「験」という字もまた、複数の馬を乗り比べることから、やはり「調べる、試す」を意味する。

言葉の由来からすれば、「(向こうに行って) 調べる、試す」という原義により忠実なのは「実験 (experiment)」の方であろう。「経験 (experience)」とはそのような実験によって調べたり、試したりしたことから得られた知識を指す。いずれにせよ、いまいる場所から移動して、何かを試してみた結果というニュアンスが感じられる。

このような意味での経験は、プラグマティズムの思想家たちにとって共通の関心事であった。とくに『宗教的経験の諸相』（一九〇一年）を執筆し、「純粋経験」を論じたウィリアム・ジェイムズや、『経験としての芸術』（一九三四年）や『経験と教育』（一九三八年）などの著作を残したジョン・デューイにとって、「経験」という概念は特別な意味をもっていた。

それでは、なぜプラグマティストたちにとって、「経験」はそれほど重要な意味をもっていたのだろうか。彼らは西洋哲学史の上でも、とくに日常経験の意義を強調した人々であった。彼らによれば、ものごとの本質は、プラトンのイデア論のように、日常経験の彼方や背後にあるのではない。さらにいえば、経験とは、個人が所有するものでもない。経験とは、人々が他者とともに、その行動によって世界とかかわっていく過程《プロセス》であると、彼らは論じた。

生まれたばかりの赤ん坊にとって、世界とは混沌であろう。しかしながら、やがて赤ん坊は身体を動かすことで世界に触れていく。身の回りの出来事のうちにパターンを読みとり、その意味を知るようにもなる。さらに赤ん坊は言葉を学習する以前から、他の赤ん坊との相互行為を始めている。言語なしでも、人間は経験を重ねていくのである。

12――ちなみに、制度化された主権によって抑圧された「構成的権力」の意義を強調し、マルチチュードの可能性を説く現代の理論家アントニオ・ネグリは、後述するように、しばしばプラグマティズムに言及する。アントニオ・ネグリ／マイケル・ハート（幾島幸子訳）『マルチチュード〈帝国〉時代の戦争と民主主義』（上）・（下）、ＮＨＫブックス、二〇〇五年。

赤ん坊に自意識が芽生えるのは、その先の話である。そうだとすれば、経験こそが、「私」の意識に先立つことになる。逆にいえば、経験を「私」に閉じ込めるわけにはいかない。このように考えたプラグマティストたちは、デカルト以来の原子論的な世界観を批判した。彼らにとって、根源的なのはあくまで経験であった。

ところが、個人の主観に基礎を置くデカルト的な世界観に立つとき、日常経験はその意義を奪われ、すべては個人の内面の表象に還元されてしまう。そのとき、経験の豊かな文脈は見失われてしまうだろう。このことから、あらためて経験から再出発しなければならないとプラグマティストたちは考えたのである。

オリヴァー・ウェンデル・ホームズ

プラグマティズムの創始者[13]の一人に、オリヴァー・ウェンデル・ホームズがいる。[14]ホームズは、セオドア・ローズベルト大統領によって連邦最高裁の判事に選ばれ、以後三〇年もの間その地位にあって、重要な判決を出し続けた。連邦最高裁の基礎を定めたジョン・マーシャルと並んで、連邦最高裁史上もっとも偉大な判事の一人とされる。

ホームズは、その著作『コモン・ロー』の冒頭で、「法の生命は論理にではなく、経験に宿る」[15]という有名な言葉を残している。もちろん、法律にとって論理が重要でないというわけではない。とはいえ、法律における論理がいかなる条件の下で意味をもつかを知るためには、経験を参照することが不可欠である。このような立場からホームズは、法を抽象的な論理命題として捉える理解の仕方に反対し、画一的に現実に当てはめることを批判し続けた。

このようなホームズの姿勢は、有名なロクナー対ニューヨーク州事件（一九〇五年）における反対意見からもうかがえる。パン製造労働者の健康を守るために一日の労働時間を一〇時間に、週でも六〇時間に限定することを命じる法律について、最高裁の多数派の判事たちは、契約の自由に反するものであるという判決を下した。

これに対してホームズは、このような判断は特定の経済理論によるものであり、しかもそ

13――プラグマティズムは、一八七〇年代の初めにマサチューセッツ州ケンブリッジにおいて、若き哲学徒が二週間おきに開いた集まりから出発している。この集まりは皮肉にも「メタフィジカル・クラブ」と名づけられた。まさに形而上学の克服を目指していたからである。ルイ・メナンド（野口良平他訳）『メタフィジカル・クラブ――米国１００年の精神史』、みすず書房、二〇一一年を参照。

14――ちなみに作家のコナン・ドイルがシャーロック・ホームズという探偵を創造するにあたって、オリヴァー・ウェンデル・ホームズからその名をとったという説がある。ただし、この場合のオリヴァー・ウェンデル・ホームズとは、文学者としても著名で、医師をしていた同名の父親の方である。法律家であった息子の方は、しばしばジュニアと呼ばれる。

15――Oliver Wendell Holmes, *The Common Law* (1881), *The Collected Works of Justice Holmes,: Complete Public Writings and Selected Judicial Opinions of Oliver Wendel Holmes*, ed. by Sheldon M. Novick, University of Chicago Press, 1994, vol. 3, p. 115.

の理論は今日もはや多くの米国民が支持していないと批判した。米国憲法は特殊な経済理論に肩入れするものではないが、憲法の一般命題はただちに具体的な事例を裁決するものではないため、どうしてもそこに特殊な小判断が入り込む。この事件において判事たちは、ハーバート・スペンサーの『社会静学』の影響を受けていると、ホームズはいう。

とはいえ、この理論はすでに時代に適合しなくなっている。にもかかわらず、多数派の判事たちがそれに無批判なまま従っていることが、裁判の判決を不適当なものにしているとホームズは批判した。

また、コッページ対カンザス州事件（一九一五年）においても、ホームズは反労働組合的な判決に対して反対意見を述べている。弱い立場にある労働者が、経営者と同等の立場で契約に臨むために組合を頼ったとしても、必ずしも契約の自由を侵すものではない。このように主張したホームズは、法律の原理は、未来永劫人々を支配するものではなく、その時々の社会状況に照らして、人々にもっともよく仕えるべきものであると主張した。

このようなホームズの立場はしばしばリアリズム法学と呼ばれるが、その基盤にあったのは、もちろんプラグマティズムである。法とはけっして論理的な一貫性による構造物ではない。歴史的に蓄積されてきた慣習法としてのコモン・ローの判事にとって重要なのは適切な判決であり、変化する社会的諸条件に応じて法は進化すべきである。憲法の条文を解釈するにあたっても、社会の進みゆく方向を無視していては、その意味を正しく理解できないと彼は考えた。

ホームズは、「この世で大事なことは、自分が「どこ」にいるかではなく、「どこに」向かっているかである」という言葉も残している。彼にとって重要なのは、歴史的な法の原則を、生活のなかから取り入れた新たな原則と結びつけていくことであった。「法の生命は論理にではなく、経験に宿る」とは、そのような意味で理解されるべきであろう。

ちなみにホームズは、経験を「人間とその環境の相互作用から生じるすべて」、すなわち「信念、感情、習慣、価値観、指針、偏見の総体」として定義している。[16] そのようなホームズにとっての経験とは、一般的な命題に置き換えることができず、また個人的なものでも内面的なものでもなかった。経験とは集団的な合意に基づくものであり、その意味で社会的なものであった。

ホームズは、つねにコミュニティの平均的な構成員の経験を基準に、自らの議論を組み立てていった。一部のエリートの論理より、一般人の経験に根ざすことで、法は生命をもつ。このようなホームズの「経験」理解こそ、プラグマティズムの「経験」論の一つの基本線を

16——Holmes, *The Common Law, The Collected Works of Justice Holmes*, vol. 3, p. 115.

示したものといえるだろう。

ウィリアム・ジェイムズ

プラグマティストのなかでも、とくに「経験」についてこだわった人物として、ウィリアム・ジェイムズをあげることができる。すでに触れたように、ジェイムズは心理学者としてスタートして、やがて独特な「多元的宇宙」と「純粋経験」の哲学を構築するに至った。

心理学者としてのジェイムズは、『心理学原理』（一八九〇年）で国際的な名声を博したが、ここで触れるべきはまず『宗教的経験の諸相』であろう。[17]この本は、宗教を論じるにあたって、あくまで個人の経験に着目している点に特徴がある。すなわち、彼にとって何より重要だったのは、宗教組織や教義ではなく、個人の宗教的経験であった。

ジェイムズは、神学的に宗教とは何かを論じようとしたのではない。彼が問題にしたのは、「個々の人間が孤独の状態にあって、いかなるものであれ神的な存在と考えられるものと自分が関係していることを悟る場合だけに生ずる感情、行為、経験[18]」であった。言い換えれば、ジェイムズは、ある個人が神的なものと出会ったと思うならば、それが何であれ、宗教研究の対象としたのである。

このような見地から、ジェイムズは、キリスト教だけでなく仏教やイスラム教はもちろん、ウパニシャッドやトルストイ、さらにエマソンまで、実に幅広い対象を検討の素材にしている。さらには当時いくつかの症例が現れていた、多重人格や心霊研究にまでその射程は及んでいる。ジェイムズにとって関心の対象となったのは、個人の理性と境を接する心の周辺領域のすべてであった。

なぜジェイムズはこのようなアプローチをとったのであろうか。そこにはおそらく、彼自身の経験が影響を与えている。南北戦争に際して、彼はついに銃をとることはなかった（プラグマティストのうち、ホームズは軍に身を投じている）。奴隷制反対運動とけっして無縁ではなかったにもかかわらず、ついに従軍する決心がつかなかったのである。[19]

このことはジェイムズの精神的なトラウマとなった。以後、彼にとって、十分な判断材料がないにもかかわらず、人間は何らかの選択をしなければならないことが、その運命であると考えるようになった。後年になって彼が、人の「信じようとする権利」を強調するに至った原点もここにある。その意味で、彼にとってのプラグマティズムとは、人々が哲学的な選択肢のなかから、善き選択を行うためのものにほかならなかった。[20]

17——日本でもジェイムズの著作の影響は、夏目漱石や鈴木大拙、さらに彼を通じて西田幾多郎にまで及んでいる。
18——ウィリアム・ジェイムズ（桝田啓三郎訳）『宗教的経験の諸相』（上）、岩波文庫、一九六九年、五二頁。
19——メナンド『メタフィジカル・クラブ』、七五－七六頁。

そのようなジェイムズが宗教を研究したのも、平等社会において孤独に陥った個人が何に救いを求め、生きていく上での支えとするかという問題関心からであった。すでに触れたトクヴィルは『アメリカのデモクラシー』のなかで、アメリカにおいていかにキリスト教の影響が大きいかを強調しているが、実際、当時のアメリカの西部では第二次信仰大覚醒と呼ばれる宗教的高揚期を迎えていた。開拓地に生きる個人たちは、宗教に自らの支えを見出したのである。そのようなキリスト教はある意味で、ヨーロッパのキリスト教がアメリカの地にあって、大衆化し、民主化したものでもあった。

ジェイムズの問題意識もまた、このようなアメリカの現実に根ざしていたはずである。たしかにジェイムズの関心は、狭い意味でのキリスト教に限られることはなかった。しかし、エマソンがそうであったように、ジェイムズもまた制度的なプロテスタンティズムの閉鎖性を乗り越えつつ、あくまで個人を支える宗教的経験を重視し続けたのである。

ジェイムズにとっての宗教とは、まず何よりも、平等社会を生きる個人の不安を和らげ、肯定的に人生を捉えようとするものであった。[21]

「多元的宇宙」と「純粋経験」

しかしながら、だからといってジェイムズの「経験」論を、形を変えたプロテスタンティズムであると断じるのは適切ではない。彼はやがて宗教研究から一歩を進め、独自の哲学とそれに基づく宇宙イメージを提示していくが、けっして伝統的な宗教のそれと同じではなかった。何よりもまず、ジェイムズの宇宙とは、唯一神が統べる閉じた単一の宇宙ではなく、無数のシステムの連合体としての「多元的宇宙（Pluralistic Universe）」であった。[22]

ジェイムズにとって、世界は単一の合理性によってすべてが決定されるものではない。世界には、そのなかでさらに種を異にする複数の世界が共存し、互いに展開している。世界はいわばモザイク状にできており、その未来はつねに可能性に開かれている。このような宇宙観は、プラグマティズムを支えたもっとも根源的な存在論であった。

このような多元的宇宙論は、明らかに政治的な含意をもっていた。「事物はさまざまな仕方で互いに「と共に」というあり方をしているが、そのどれもが一切を含んだり、一切を支配したりすることはない。（中略）それゆえ、多元的な世界は、帝国や王国よりも連邦共和国に近いものになる」。[23] ある意味で抽象的にもみえるジェイムズの宇宙論は、個人や組織が

20——メナンド『メタフィジカル・クラブ』、七七頁。
21——池田純一『ウェブ×ソーシャル×アメリカ』、講談社現代新書、二〇一一年、一八六頁。
22——日本語で読める、ジェイムズの多元的宇宙論のもっとも包括的な解説として、伊藤邦武『ジェイムズの多元的宇宙論』、岩波書店、二〇〇九年。
23——ジェイムズ『純粋経験の哲学』、二一三-二一四頁。

垂直的に統合されるのではなく、横につながりをもって（「と共に」）共存していくという、アメリカの政治体制の根本理念を再確認するものでもあった。

さらにジェイムズは、経験についても考察を進めた。彼は自らの経験論を「純粋経験」と呼んだ。この「純粋経験」とはいわば、世界を主観と客観、あるいは自らの意識とその対象に区別する以前の状態を指す。このように書くと抽象的であるが、ある意味で、すでに赤ん坊に関して指摘したような、「私」の意識が生まれる前の日常経験を念頭におけば、それに近いはずである。

ジェイムズにとって、人間の心とは実在ではなく、機能であった。根源的なのは「純粋経験」であり、後から人間の意識が生まれ、世界を再構成していく。したがって「純粋経験」の世界とは、個人の心のなかの出来事ではなく、個人に属するものではない。このような問題意識は、ジェイムズの同時代人であったフランスのアンリ・ベルクソンの「純粋持続」や、「個人あって経験あるにあらず、経験あって個人あるのである」[24]と論じた日本の西田幾多郎とも通じるものであった。

経験は個人の主観より先行する。そうだとすれば、他の個人と切り離された、抽象的な個人の欲求を前提に社会を捉えていくべきではない。重要なのは、経験を通じて、人間がはじめて個人となるということであった。このようなジェイムズの「経験」論は、さらにデューイにも継承されていく。

ジョン・デューイ

プラグマティズムにおける経験への関心を、もっとも強力に民主主義へと結びつけたのが、ジョン・デューイである。[25] 民主的社会とは、一人ひとりの個人がさまざまな実験をし、経験を深めていくことを許容する社会である。そのような経験は学校や職場、さらには政治的な制度によって支えられねばならない。「経験の民主化」を、デューイは強力に提唱した。

デューイは『哲学の再構成』（一九一九年）において、西洋哲学が「確実性の探究」という理念と不変の本質を発見しなければならないという強迫観念にとらわれ続けたことを批判している。[26] 伝統的に哲学は、具体的な日常経験よりは、その背後にあるはずの確実性や本質を追い求めてきた。しかしながらデューイにとって、このような考え方は単に間違っているだけでなく、反民主主義的であるという意味で有害でもあった。

デューイにとって重要だったのは、一人ひとりの個人が「私はどのように生きるべきか」

24――『西田幾多郎全集』第一巻、岩波書店、二〇〇三年、六－七頁。
25――デューイの議論を「経験」という側面から再評価した研究に、エドワード・S・リード（菅野盾樹訳）『経験のための戦い――情報の生態学から社会哲学へ』、新曜社、二〇一〇年がある。
26――ジョン・デューイ（河村望訳）『確実性の探求』、『デューイ＝ミード著作集』、人間の科学社、一九九六年。

という問いに対し、自分なりに答えを出すことであった。と同時に、人の経験や成長は、他の人々の経験や成長と切り離すことができない。その意味で、人の成長は、集団的経験や、社会的に共有された経験とも密接に結びついている。デューイは、人々が交流することによる葛藤と調和に注目し、意味が共有されることを何よりも重視した。

この場合、デューイにとって重要だったのは、ある理念が共有されることだけではなかった。より重要なのは、人々がともに行為し、経験を共有することであった。その意味で、民主主義社会を打ち立てるために、人々が共同して働くための技法を広く教育によって提供していくことが大切である。このように考えたデューイは、民主主義社会における教育の重要性を説き続けた。

これに対し、もし人々が自らの力で社会を探究することを社会が支えず、また人々の経験が共有される仕組みや文脈を一切欠いたならば、そのような社会は危機に陥ることになる。デューイにとって経験とは生涯にわたる学習の過程であったが、一般的な人々が経験を通じて自らの視野を拡大し、他者の経験を尊重することを学べないとすれば、民主主義社会の基礎はすでに空洞化しているのである。

デューイは、独自の生き方を選ぶことで自らの芸術を切り拓いたウィリアム・モリスとパブロ・ピカソに触れて、次のようにいう。「民主主義的な社会的合意は、非民主主義的あるいは反民主主義的な社会生活の形態に比べて、より多くの人々が近づき、享受できるより優れた質の人間の経験を増進するという信念に、最終的に帰着しない理由がありえるだろうか」[27]。

経験を強調し続けたプラグマティストたちの議論は、デューイにおいてついにはっきりと民主主義の擁護へと結びついた。このようなデューイの「経験」論に、〈プラグマティズム型〉の民主主義の一つの理念型をみてとることができるだろう。

3　戦後日本における経験

経験の消滅

経験について重要な考察を残したのは、何もアメリカのプラグマティストたちだけではない。日本においても、経験について独自の考察を展開した思想家がいる。西田幾多郎につい

27――ジョン・デューイ（河村望訳）『学校と社会・経験と教育』、『デューイ＝ミード著作集』、人間の科学新社、二〇〇〇年、一六〇頁。ただし、訳文を一部あらためてある。

てはすでに触れたが、政治・社会思想においても、丸山眞男門下の俊英として日本政治思想史研究から出発し、やがてイギリス人類学やヴァルター・ベンヤミンなどから多くを摂取して、独自の「精神史」の世界を開拓した藤田省三がいる[28]。

すでにみてきたように、民主主義の経験とは、現状の民主主義において失われた原初的な平等の感覚と深く結びついている。本来、民主主義の中核にあるはずなのに、形式化され、制度化されることでみえにくくなった民主主義の原像を、敏感な思想家たちは察知し、それを何とか理論化しようとした。

経験についての考察を展開したプラグマティストたちについても、同様のことがいえる。南北戦争の荒廃のなかから再出発した彼らは、政治を覆い尽くすかにみえたイデオロギー対立の彼方に、経験を見出した。経験まで立ち返ることによって、アメリカ社会とその民主主義を建て直すことが、そのねらいであった。

藤田もまた、経験という根本的な次元にまで遡ることで、あらためて彼が生きた時代とその民主主義を振り返ろうとした思想家の一人であった。藤田は敗戦による日本の荒廃のなかに、再出発点となるべき「経験」を見出し、その意味を考え続けた。

すでに触れたように、オリヴァー・ウェンデル・ホームズは、経験を人間とその環境の相互作用から生じるすべてであるとした。すなわち経験を、「信念、感情、習慣、価値観、指針、偏見の総体」として定義した。これに対し、藤田省三もまた、「経験とは物（或は事態）と人間との相互的な交渉のことであ」[29]り、「物事との自由な出遭いに始まって物や事態と相互的に交渉する」[30]ことであるとしている。

いずれも、かなり包括的な定義であるが、経験を人と環境（物、事態）との「相互作用」であり、「相互的交渉」であるとしている点が重要である。言い換えれば、人から環境、あるいは環境から人への一方向的な働きではなく、経験を媒介に、人と環境が互いに影響を与え合うことが重視されている。

逆にいえば、経験が固定化し、そのことによって人と環境との相互的な関係が失われることを恐れた点において、プラグマティストたちと藤田は一致している。藤田は、経験を喪失することは人間性に対する重大な危機であり、経験が完全に固定化し「化石化」したとき、人間は環境との接触を失い、世界から孤立してしまうと考えた。

現代世界において進行する、このような意味での「経験の消滅」への危機意識こそが、思

28——藤田がプラグマティズムにとくに関心を寄せたという証拠はないが、以下論じるように、彼の議論には間違いなくプラグマティズムと通じる部分がある。
29——藤田省三『精神史的考察』、平凡社ライブラリー、二〇〇三年、二二二頁。
30——『藤田省三セレクション』、平凡社ライブラリー、二〇一〇年、三七七頁。

想家としての藤田を駆り立てた原動力であった。

戦後日本の経験

藤田がとくに重視したのは、日本の戦後という経験であった。「戦後の思考の前提は経験であった。どこまでも経験であった[31]」と藤田はいう。

この場合、藤田のいう「経験」とは、いわゆる「戦争体験」のみを指すのではない。また「戦後の思考」という場合も、狭い意味での「戦後思想」や「戦後民主主義」といった理念に還元されるものではない。藤田が問題にしたのは、そのような議論の根底にある、より根源的な「経験」であった。

そうだとすれば、藤田は何を戦後の経験とみなしたのであろうか。「戦後経験の第一は国家（機構）の没落が不思議にも明るさを含んでいるという事の発見であった[32]」。ここにあるのは、日本の敗戦が、ある意味で「明るさ」をもっていたという認識である。どういうことであろうか。

この場合、総動員体制の終焉による解放感や、日本を戦争へと導いた軍国主義の指導者たちの退場を喜ぶ思いが念頭にあるのは、間違いないだろう。実際、敗戦後の日本を「青空」にたとえる例は少なくない。それまで頭の上を覆っていた重苦しさが取り除かれた瞬間、その上にぽっかりと青い空の存在を感じたのは、多くの人々にとっての実感であっただろう（文字通り、「青空教室」もあった）。

とはいえ、藤田のいう「国家（機構）の没落がもつ明るさ」とは、それに尽きるわけではない。藤田はもちろん、敗戦直後の日本における悲惨さ、欠乏、そして不安をみないわけではない。とはいえ、彼は同時に、そこにある種の両義性を見出す。

「住ま居が焼き払われた惨状の中にどこかアッケラカンとした原始的ながらんどうの自由が感じられたように、すべての面で悲惨が或る前向きの広がりを含み、欠乏が却《かえっ》て空想のリアリティーを促進し、不安定な混沌が逆にコスモス（秩序）の想像力を内に含んでいたのであった[33]」。

ここにあるのは、闇市に象徴される、ある種の独特な活力のうちにユートピアを見出す思考法である。それまで人々をがんじがらめに縛っていた既成の秩序が崩壊したとき、解放された欲望は「自由」の感覚をもたらした。それはたしかに無秩序であり、混沌であったが、同時に人々に「何でもあり」「どうにでもなる」という自由な想像力を解き放ったのである。

31——藤田『精神史的考察』、二三一頁。
32——藤田『精神史的考察』、二三四頁。
33——藤田『精神史的考察』、二三五頁。

そこに藤田はさらに、ある種の神聖さをすら見出す。石川淳による『焼跡のイエス』の主人公は、生きるために窃盗を働く少年に、イエス・キリストの面影を垣間みたが、藤田もまたこれらの人々に、敗戦後のユートピアの象徴を見出した。彼は、敗戦に際して自らをフィヒテになぞらえた矢内原忠雄のような「オールド・リベラリスト」の知識人よりは、「浮浪児」「パンパンガール」「植民地国人」ら「受難」の体現者にこそ、「戦後の核心的経験の結晶」を見て取ったのである。

『災害ユートピア』

このように、「崩壊」と「没落」のなかに、ある種の原初的な自由の回復を見出す藤田の視座は、日本においても二〇一一年の東日本大震災後に話題となった、レベッカ・ソルニットの『災害ユートピア』を思い起こさせるかもしれない。[34]

ノンフィクション作家のソルニットは、一九〇六年のサンフランシスコ地震から、二〇〇五年のハリケーン・カトリーナによる大洪水まで、巨大災害の後に被災地の人々がどのように行動したかを検証した。その結果は、意外なことに、悲惨な状況にある人々が、相互に手を差し伸べ合い、見ず知らずの人に食や寝場所を与えるなど、無償の行為を喜んで行ったという事例が多く見られるというものであった。

これは、災害後には人々がパニックを起こしたり、暴動や略奪が横行したりするなど、無法状態が出現するという世の通念に反するものである。が、ソルニットはむしろ、このようなイメージは、秩序の崩壊を恐れるエリートたちが流布させたものであり、必ずしも現実に即しているとは限らないと論じた。

興味深いのは、ソルニットが描き出す被災地の様子である。彼女によれば、災害は多くの人々の命を奪い、家や職場など、生活の基盤を破壊してしまうが、同時に人々に独特の「明るさ」を与えるという。それは、いま自分に何ができるかということを真剣に考えた人々が、自然に励まし合い、救いの手を差し伸べ合った結果の「明るさ」であった。

災害を前に、被災者は根本的に平等である。そして等しく傷ついた人々は、自ら生き延び、隣人を救うために行動するとき、絶望的な状況にもかかわらずポジティブな感情をもつ。そのとき、心の中に眠っていた、社会的なつながりをもちたい、意味のある仕事をしたいという願望が復活するのである。

ソルニットによる被災地の叙述は、藤田のいう日本の戦後の経験と、どこか通じるものがある。藤田はそこにある種のユートピア性を見出したが、ソルニットもまた「ユートピア」

34――レベッカ・ソルニット（高月園子訳）『災害ユートピア　なぜそのとき特別な共同体が立ち上がるのか』、亜紀書房、二〇一〇年。

という言葉を口にする。災害後に現れたのは、既成の社会秩序や、そこでの階層や格差が破壊された瞬間に生じる、人々の連帯の本来の姿であった。それは空想ではなく実際に出現したユートピアであった。

しかも興味深いことに、このような災害ユートピアを論じる際にソルニットが参照するのは、何とウィリアム・ジェイムズなのである。ソルニットによれば、ジェイムズこそが、災害後にみられるある種のユートピア性を見出した先駆者であった。

ソルニットはさらには次のように指摘して、ジェイムズへの共感を示す。「ジェイムズは人々の考えがどのように世界を方向づけるかに焦点を合わせている。彼なら神が存在するかどうかを問うよりも、神を信じることが、その人の生き方や、社会のあり方にどのような違いをもたらすかを解明しようとしただろう[35]」。ソルニットによれば、被災地において重要になるのはまさに、このような意味でのプラグマティズム的な思考であった。

「人間の本質」をゼロから作り変えようとするユートピア主義的な理想主義は、すべて失敗に終わった。しかしながら、人々が信じるものはやがてその行動を違うものにし、少しずつ社会を変えていく。プラグマティズム思想が災害の巨大なリアリティーとあいまって、現代政治に一筋の光を投げかけるとソルニットは考えた。

経験との出遭い

藤田の「経験」論に戻ろう。すでに指摘したように、藤田は戦後日本の「経験」を重視した。このような彼の議論の背後には、さらに独自の「経験」の哲学が存在した。藤田は「経験の重視と自由の精神とは分ち難い一組みの精神現象[36]」であるという。逆にいえば、経験が失われるとき、自由の精神もまた失われる。なぜ、藤田はこれほどまでに経験を重視したのだろうか。

すでに指摘したように、藤田にとっての経験とは、人と物との相互的交渉である。「物に立ち向った瞬間に、もう、こちら側のあらかじめ抱いた恣意は、その物の材質や形態から或は抵抗を受け、或は拒否に出会わないわけにはいかない。そしてそこから相互的な交渉が始まり、その交渉過程の結果として、人と物との或る確かな関係が形となって実現する[37]」。

藤田にとっての経験とは、自分が思うようにはコントロールできない物や事態との遭遇を意味した。その意味では、経験とは自分の恣意性の限界を知ることに等しい。

35——ソルニット『災害ユートピア』、七九頁。
36——『藤田省三セレクション』、三八二頁。
37——藤田『精神史的考察』、三二一頁。

もし人がすべてを思うままに支配できるならば、そこには経験はない。思うままにならない物事に対し、それと交渉し、何とか行き詰まりを打開すること、そのような実践こそが、藤田にとって経験の意味するものであった。そして、経験なくして人間の成熟はありえないと藤田は考えた。

自分の思うようにならない物事との交渉は、当然苦痛を伴うものになる。しかし、自分を震撼させるような物事との出遭いを回避するとき、人はすべてを支配できるという幻想に自閉することになる。とはいえ、それは真の意味での「自由」とはほど遠い。「自由の根本的性質は、自分の是認しない考え方の存在を受容するところにあ[38]」るからである。

よく知られているように、藤田は一九九〇年代になって『全体主義の時代経験』（一九九五年）を執筆し、「安楽への全体主義」に警告を発した。現代日本社会をますます覆い尽くすようになっているのは、「私たちに少しでも不愉快な感情を起こさせたり苦痛の感覚を与えたりするものは全て一掃して了《しま》いたいとする絶えざる心の動きである[39]」（強調は原文）。このような傾きこそが、人々を「経験」から遠ざけると藤田が考えたことはいうまでもない。

とはいえ、彼の危機感は一九八〇年代初頭の『精神史的考察』（一九八二年）において、すでに明らかであった。経験を拒み、言い換えれば自分に抵抗し拒絶を示すような事態との遭遇を回避し続けるとき、逆説的に人間は自動的な機械の部品にならざるをえなくなっていくと藤田は指摘した。

「今私たちを取り巻いている世界には、もはやそのような基礎経験も、それとの知的交渉を通した知的経験の再生力もない。それだけに、自分だけの「体験」を重視することによって、制度の部品となっている函数的境遇の中での気晴らしと「自分」の存在証明を求めようとする」[40]。いたずらに自らの「体験」を誇る言説の氾濫にいらだちながら、それにもかかわらず、「経験」は失われ続けていると藤田は指摘したのである。

丸山と藤田

それでは藤田はなぜ、一九八〇年代初頭にあって「経験の消滅」に警告を発したのだろうか。すでに触れたように、藤田は丸山眞男門下の政治思想史研究者から出発したものの、一九七一年に大学の職を辞し、一〇年に及ぶ沈潜生活を送った。おそらく、藤田が沈潜生活を送った背景には、六〇年代における民主主義をめぐる「挫折」の経験があったはずである。

この沈潜期間の思索の結晶である『精神史的考察』のなかで、藤田は、「隠れん坊」につ

38――『藤田省三セレクション』、三八一頁。
39――『藤田省三セレクション』、三八七―三八八頁。
40――藤田省三『精神的考察』、一二三八頁。

いて考えるかと思えば、『保元物語』や吉田松陰へと話題を転じる。さらには、古代以来の「崩壊と敗北の歴史」をたどった上で、戦後日本の経験を語り、最後は現代の「新品社会」における「経験」の喪失を論じて本を締めくくっている。

この場合、すべての議論のモチーフは「経験」であった。すでに繰り返し指摘してきたように、「経験」とはものごととの相互的交渉を通じての、未知との遭遇や偶然的出会いを意味する。これに対比されるのが、すべてがあらかじめ鋳型にはめられ、すべてが計算可能になってしまった現代社会であった。

藤田は、「経験」なき「ニヒルな虚空」「理性なき合理化」「新しき野蛮」を脱すべく、原初的なもののなかに萌芽として孕まれていた「本来的なもの」の回復を目指す。そのような藤田にとって、やり直しのための出発点として浮上したのが「戦後の経験」であった。

藤田の師にあたる丸山は、一九六〇年に「復初の説」という講演をしている。岸内閣の安保改定に向けての強行採決を批判するこの講演で、丸山は一九四五年八月一五日から出発した戦後日本の民主主義そのものが問われているという。

「廃墟の中から、新しい日本の建設というものを決意した、あの時点の気持[41]」を思い出さなければならないと強調した丸山にとって、一九六〇年の経験は、戦後十数年の理念と理想の凝縮した、かつてない民主主義運動の高まりの瞬間であると同時に、その理想が裏切られた瞬間でもあった。

丸山のいう「復初」とは、この一九六〇年を通じて一九四五年を想起し、そのことによって現在立っている地点をあらためて意味づけ、今後の行動への指針とすることであった。引き裂かれた過去と将来の間を再度つなぐためにも、初めに戻る（復初）ことが重要であると丸山は主張したのである。

現実の丸山はその後、六八年の全共闘に絶望し、やがて本来の日本政治思想史研究へと回帰していった。これに対し藤田は、このような丸山の絶望と希望を継承しつつも、やがてむしろ「経験」の哲学の探究へと向かっていく。

敗戦直後の「欠乏」と「混沌」のなかに両義的に胚胎した原初的自由と民主主義の経験は、やがて高度経済成長のなかで風化し、根こそぎにされていったのではないか。そうだとすれば、日本の民主主義を建て直すためには、敗戦直後にあった「経験」をいま一度想起すべきではないか。このような思いこそが、彼に『精神史的考察』を執筆させたはずである。

言うまでもなく、そのような藤田の思いは、一九八〇年代中盤以後のバブルと「生活保守主義」によってかき消されていく。『全体主義の時代経験』は、その悲惨な決算書であった

41――『丸山眞男集』第八巻、一九九六年、三五八頁。

のかもしれない。

　とはいえ、ここには、原初にあった平等と自由の「経験」に遡ることで民主主義を建て直していこうとするプラグマティストたちと、きわめて近い思考がみられる。そうだとすれば、民主主義の経験を歴史的に遡行して粘り強く探っていく試みは、けっして現代日本の私たちにとっても無縁なものではないはずだ。

第2章

近代政治思想の隘路

1　閉じ込められた自己

独特な人間像

いつの頃からか、政治において語られる個人のイメージは、かなり独特なものになったようだ。例えば、現代アメリカの政治哲学を代表する理論家であるジョン・ロールズの議論をみてみよう。『正義論』（一九七一年）において、ロールズは「原初状態」という仮想的な設定を用いている。「原初状態」とは、近代社会契約論に出てくる「自然状態」論の現代版であるが、要は、正義の原則を抽出するにあたって、一人ひとりの個人に、とりあえずゼロの状態から考えてもらうための理論的な仕掛けであろう。

面白いのは、ここで「無知のヴェール」という議論が登場することだ。ロールズによれば、この「無知のヴェール」によって、人々は自分の社会的な属性がわからなくなる。性別や年齢、職業や収入、国籍やエスニシティなど、自分が社会のなかで具体的にどのような位置を占めているのかを示す情報が、本人に一切遮断されてしまうのである。社会のルールを決めるにあたって、自分についての具体的な情報があると、どうしても人は公平になれない。そうだとすれば、いったんすべてを括弧に入れてしまえ、というのがロールズのねらいである。

あくまで理論的な設定であるといえば、それまでである。とはいえ、ロールズはさらに、そのような個人は他者への関心を一切もたず、それゆえに何ら嫉妬の感情をおぼえないという。そこまでいわれると、この仮想はかなり極端な人間イメージに基づいているのではないかという気がしてくる。

ロールズ的な個人は、自らの属性を知らず、他者にも関心をもたない。そのような個人が他者との対話抜きに、自分のなかで、自己利益を最大化すべく計算を行う。結果として、正義の原則が導き出されるわけだが、逆にいえば、そこまでしないと正義についての合意は得られないとロールズが考えていることがわかる。

このようなロールズの『正義論』はいささか極端なものかもしれない。とはいえ、およそ近代の政治思想は、人と人とが合意するということに関して、かなり慎重な姿勢をとっていることは間違いない。言い換えれば、よほど特別な条件の下でなければ、政治において合意が成り立つことはありえないという前提が共有されている。

これほどまでに合意が困難視された背景には、これまでも言及したように、ヨーロッパが経験した宗教内乱がある。そこでは、宗教上の意見の対立が、即座に政治的対立の源になり、場合によっては、血で血を洗う殺し合いにつながった。

中世ヨーロッパでは、強力な政治的統一を欠いたがゆえに、むしろキリスト教が社会の基盤を支えてきた。そのようなヨーロッパであったからこそ、宗教改革によってもたらされた宗教的対立は、ただちに社会の亀裂や分裂の直接的なきっかけとなったのである。

この宗教内乱を終息させるにあたって、政治の実務家たちは、なるべく宗教問題を表に出さないことが、秩序を実現するにあたっての鍵であることに気がついた。理論家たちもまた、己の信じるところは内に秘めたまま、秩序の確立それ自体を目的として判断し、行動する人間像を用意したのである。

結果として、肝心なことは外に出さず、かなり狭いチャンネルでのみ他人と意思疎通をはかる人間のあり方が、いつの間にか政治の基本前提になってしまった。それにしても、自分を示すことを恐れ、他者とコミュニケーションをはかることに極度に消極的な人間とは、いったいどのような人間なのだろうか。

「緩衝材で覆われた自己」

このような近代政治思想の人間像に、興味深い表現を与えた一人に、カナダの政治理論家チャールズ・テイラーがいる。テイラーといえば、コミュニタリアンと呼ばれる一群のロールズ批判者の一人として知られる。

　コミュニタリアンにいわせれば、ロールズに代表されるリベラリストが前提とする抽象的な個人像には、大きな問題がある。あらゆる社会的属性を奪われた個人など、皮をすべて剝いたタマネギのようであり、何も残らない。これに対しコミュニタリアンはむしろ、コミュニティと結びついた人間の具体的なあり方を強調した。

　テイラーはその後、多文化社会についても積極的に論じるようになる。フランス系住民を多数抱えるカナダのケベック州の出身であることを考えれば、自然なことであったかもしれない。とはいえ、言語を通じてつねに自己解釈を続ける存在として人間を捉えるテイラーにとって、言語を中心に多文化主義を擁護することは、その人間観の当然の帰結でもあった。

　さらにその後のテイラーは、近代における「世俗化」という大問題にも取り組んでいる。マックス・ウェーバーを持ち出すまでもなく、近代化とは「世界の脱魔術化」であり、宗教的なものの後退として特徴づけられる、という理解はいまだに根強い。これに対してテイラーは、近代社会においてもなお、個人にとっての宗教の意味はなくなっていないと主張する。自身がカトリック信者でもあるテイラーは、世俗化とは脱宗教化であるという理解に異議を申し立てる。その著作『今日の宗教の諸相』（二〇〇二年）において、[1] テイラーはウィリアム・ジェイムズの議論を援用しつつ、現代社会における宗教的なもののあり方を分析した。

テイラーはさらに、自らの宗教論を『世俗の時代』（二〇〇七年）という大著にまとめているが、[2]この本のなかで、彼は面白い表現を使って、近代における人間像の変化を説明している。それがすなわち、「緩衝材で覆われた自己（buffered self）」[3]である。物と物との間にあって、両者の衝突を食い止めるものをバッファー（緩衝材）というが、あたかもバッファーによって覆われたかのような個人のあり方を、テイラーはそう呼んだのである。

テイラーはこれまでも、さまざまな人間像を示してきた。代表的なのは、「遊離した自己（disengaged self）」であろう。リベラリズムが想定するような、多様な社会的つながりから解放された自己とは、同時に、何ごとにも関与しない「遊離した自己」でもある。このような人間像は、マイケル・サンデルのいう「負荷なき自己（unencumbered self）」とともに、コミュニタリアンが批判する代表的な人間像とされてきた。

しかしながら、テイラーが『世俗の時代』で展開する「緩衝材で覆われた自己」とは、それ以前のものとは若干ニュアンスが異なっている。問題は、自己の内と外との関係にある。私の内と外とは、どのように隔てられているのか。そもそも人間に、内と外の境界線など存在するのか。そのこと自体を問うために登場したのが、この表現である。

「緩衝材で覆われた自己」と対比されるのは、「孔《あな》だらけの自己（porous self）」である。たしかに人間の身体には、いくつもの孔がうがたれている。口や耳や鼻、あるいは肛門、さらには皮膚に無数に拡がる汗腺などを通じて、いろいろな物質が人間を出入りする。ある意味で、人間の内と外とは、皮膚という境界線によって限界を画されつつも、このような無数の孔の存在によって、事実上半透過の状態になっているといえる。

テイラーのいう「孔だらけの自己」とはもちろん、そのような物理的な意味での「孔」ではないだろう。彼のいう「孔」とは、一つのメタファーに過ぎない。肝心なのは、外部からの影響がただちに自分のなかに浸透してくることである。「孔」があれば、どうしても外から何かが入ってくるし、自分からも抜け出てしまう。その意味で、「孔だらけの自己」とは、外からの影響を受けやすい、ヴァルネラブルな（脆弱で、傷つきやすい）存在なのである。

外からの影響といった場合、テイラーがとくに注目するのは、いうまでもなく精神的な影響である。「孔だらけの自己」にとって、自分の外に何かしら強力かつ重要な精神的存在があり、自らの精神もまた、その影響を受けやすく感じられる。神や精霊の存在は、そのわかりやすい例であろう。神の「お告げ」はただちに自らの精神に届き、その影響は身体に直接作用する。

1――チャールズ・テイラー（伊藤邦武他訳）『今日の宗教の諸相』、岩波書店、二〇〇九年。

2――Charles Taylor, *A Secular Age*, The Belknap Press of Harvard University, 2007.

3――Taylor, *A Secular Age*, pp. 37-42.

もちろん、良い作用ばかりではないはずだ。悪霊に取り憑かれたり、宇宙的な力によって体の自由が奪われたりすることがあるかもしれない。いずれにせよ、自分の外に強力な精神的な力が存在し、自分はその力に直接さらされているという感覚こそが重要であった。

これに対し「緩衝材で覆われた自己」の場合、自分のまわりを、何かしら厚い「緩衝材」が覆っていることになる。その「緩衝材」のおかげで、自分は外界に直接さらされずに済んでいる。言い換えれば、外に対して「距離」をとることもできる。結果として、人間には境界線によって外界と隔てられた「内面」が形成され、その「内面」が自分にとってのあらゆる意味の源泉となるのである。

内面への撤退

これはまさしく、テイラーにとっての「近代的自己」の像なのであろう。しばしば抽象的に人間の内面性や自律性と呼ばれるものの背景に、ある種の身体性を含む、人間の内と外との関係をめぐる感覚の変質を読みとる点に、テイラーの議論のユニークさがある。

逆にいえば、政治学を含む近代の諸学問は、人間の内面性や自律性をあまりに自明視してきたのかもしれない。この前提の下では、人間にとっての意味や思考は、精神のなかにのみ存在することが当然視される。外界から隔てられ内面に閉じこもった個人が、自然的世界を統御していくというモデルも、「孔だらけの自己」から「緩衝材で覆われた自己」へという、近代における自己感覚の変質の産物として捉えられるだろう。

前章では、経験について考えた。経験とは、その語源が示すように、「(向こうに行って)調べる、試す」ことを意味する。言い換えれば、いまいる場所から違う場所へと移動することが、その前提となっている。

これに対し、近代の「緩衝材で覆われた自己」とは、自らの内面に撤退し、そこから世界をうかがい、あるいは操作しようとする存在である。あらゆる意味は自らの内面からのみ生まれるのであって、自分の外部は統御すべき対象でしかない。

テイラーによれば、現代社会において、人々は「孔だらけの自己」にノスタルジーすら感じているという。なぜなら、厚い自分の壁のなかに閉じこもった自己にとって、世界とのより直接的な結びつきは、むしろあこがれの対象にもなるからである。

結果として、人々は映画館やパワースポットに行くなどして、あえて神秘的なもの、不可思議なもの、不気味なものを体験しようとする。それはあたかも、失われた感覚を取り戻し、恐怖に「震撼」することを望んでいるかのようである。

いずれにせよ、「緩衝材で覆われた自己」にとって、内に閉じこもって、外界のすべてを制御下に入れることが自律である。彼らは、外からの影響を断てば断つほど、自由になれると信じている。近代的個人は、世界から自分をより疎隔することの代償として、自由の感覚を得たといえるだろう。

いわゆる「世俗化」についても、テイラーはこのような自己イメージの変質によって説明する。彼はしばしば指摘される「世俗化」の定義を退ける。例えば、国家の公的な領域から宗教を排除するのが世俗化であるとか、宗教の影響力が後退していくことが世俗化であるといった理解を、テイラーは採用しない。

それではテイラーは、どのように世俗化を理解するのか。彼にいわせれば、そもそも、外界からの精神的影響を排除することのできない「孔だらけの自己」にとって、「不信仰」という選択肢は事実上存在しなかった。

これに対し、自分が外界から厚い障壁によって隔てられていると考える「緩衝材で覆われた自己」の場合、自らを超えたところに存在する価値の源泉を認めず、すべての意味は自分の内面にあると信じることも可能である。

そうだとすれば、「世俗化」とは、煎じ詰めれば、このような「不信仰」という選択肢があるかどうか、ということに等しい。一五〇〇年頃の西欧社会では、事実上そのような選択肢は存在しなかった。これに対し、現代社会では、「(自己を越えた価値の源泉を)信じない」という選択は完全に社会的に承認されている。「世俗化」されているか否かとは、結局はその違いに還元されるとテイラーはいう。

内面と外面の分離

このようなテイラーの「世俗化」論の妥当性を、ここでこれ以上論じようとは思わない。ただ、「緩衝材で覆われた自己」とは歴史的に生み出された一つの装置であり、けっして時間を越えた自明の真理ではないという彼の洞察は、本書にとっても重要な意味をもつことを確認しておきたい。

というのも、近代の政治学はこのような自己の必要から生まれ、このような自己のあり方をその理論に組み込むことで発展してきたからである。もう少し説明しよう。

近代の政治学の出発点は、政治が宗教から自立したことにある。すでに述べたように、宗教内乱の結果、政治にとっての宗教は、自らを支えてくれる後ろ盾であるどころか、むしろ不安定化の原因になりかねない重荷となった。

このような局面において、政治にとっての負担を軽減するためには、政治を宗教から切り離すしかない。そこで打ち出されたのが、政治をもっぱら人間の外面に関わる事柄を扱うものとして限定する、という方向性であった。そのような意味での「政治の自立化」が、近代の最初のベクトルとなったのである。

政治の本質を実力や強制の契機に見出し、政治の道徳からの自立を説いたニッコロ・マキアヴェリは、このような意味での「政治の自立化」をいち早く主張した理論家であるが、彼の同時代人に、宗教改革者であるマルティン・ルターがいたことはけっして偶然ではないはずだ。

表面的にみれば、マキアヴェリとルターとは、およそ異質な思想家に思える。とはいえ、結果からすれば、二人は、人間を内面と外面に分離できるという考えを強化する上で、ともに重要な役割をはたしたことになる。政治を人間の外面にのみ関わるものとしたのがマキアヴェリであるとすれば、宗教を人間の内面的事柄として純粋化したのがルターであった。その限りで、二人はまさにコインの表と裏であったともいえる。

逆にいえば、それ以前において、宗教とはけっして純粋に内面的な事柄ではなかった。宗教的儀礼を持ち出すまでもなく、宗教と身体性は不可分であった。また「魔術化された世界」において、人間の外部には、至るところに聖なるものの現れを見出すことができた。その意味で、信仰とはけっして「内面」の事柄ではなかったのである。

政治もまた、古代ギリシア以来、自由をはじめとする人間の内面的価値と不可分とされてきた。政治とはまさに人間性を開花させるためのものであり、内面的価値と切り離すことはできなかった。その意味からすれば、政治を純粋に実力や強制と結びつけて考えたマキアヴェリの方が、異端的であったのである。

とはいえ、「緩衝材で覆われた自己」の確立によって、人間の内と外が分断されることになり、それにともなって、宗教と政治も分離されることになる。結果として生じたのが、政治の基礎の問い直しであった。というのも、宗教をはじめとする内面的諸価値から切り離されることで、政治は「やせこけた概念」[4]になってしまったからである。

「十六世紀、十七世紀ぐらいまでは平和の実現に政治の役割を限定することに意味があった。ところが、成功して、平和が確実に実現されてしまうと、平和の実現のためにという政治の役割の意味自体が薄れてきて、自らの基盤が崩壊を始めるという話に逆になってくる」[5]。政治にとって、目標を達成することによって自らの存立の目的が問われるという皮肉な事態が生じたのである。

個人の自然権によって政治社会の設立を正当化する社会契約論の登場も、このような文脈において理解することができるだろう。宗教などの内面的価値から切り離されることでやせ細ってしまった政治の概念を、あらためて所有権を中核とする人権の理論によって意味づける必要が生じたのである。このことは、「政治の自立化」という最初のベクトルが、「人権に

4――佐々木毅『宗教と権力の政治』、講談社、二〇〇三年、二三八頁。
5――佐々木『宗教と権力の政治』、二三九―二四〇頁。

よる正当化」という第二のベクトルによって補完されたことを意味する。

しかしながら、言うまでもなく、このような近代社会契約論もまた、「緩衝材で覆われた自己」と不可分なものであった。ジョン・ロックを参照するまでもなく、所有権の理論は「個人が自らの身体を自己所有する」という理解と不可分であった。自分の体は自分のものであって、他の誰のものでもない。それゆえ、自分の体は自分で好きなように処分できる。さらに、自分の体を使った労働によって生産したものも、自分の所有物となる。このような考え方こそが、所有権の理論を支えたのである。

ここにあるのは、自分の精神が自分の身体を所有し、排他的な処分権をもつという考え方である。さらに、その前提にあるのは、外部からの影響を断ち、自分の内面へと閉じこもった自己が、自らの身体を足がかりに、自分の外にあるものを所有の対象として捉え直していこうという志向であった。

所有権の理論とは、このような志向を正当化するものであり、ひいては所有権理論に立脚する近代社会契約論もまた、このような新たな自己イメージの産物であった。その意味で、「緩衝材で覆われた自己」とは、近代政治思想にとってきわめて重要な位置を占める要素であったといえるだろう。

とはいえ、近代政治思想のある種の行き詰まりが明らかになった今日、このような「緩衝材で覆われた自己」もまた再検討の対象にならざるをえない。

2　依存への恐怖

政治思想史のなかの依存

近代の政治思想の特徴としてはもう一つ、依存することへの極度の恐怖を指摘することができるだろう。この場合、「依存（dependence）」と対比されるのはもちろん、「自立（independence）」である。

政治を担う市民は、自立した存在でなければならない。他者に依存したままでは、自らを律することもできないからである。それゆえ、人々が政治の領域に参入するにあたって、まず確保しなければならないのは、他者への依存からの脱却である。このような考えが、近代政治思想史において繰り返し説かれてきた。

もちろん、他者の恣意的な意志に従属しないことをもって自由の本質とみなす伝統は、古代ギリシア・ローマ以来のものである。主人に従属する奴隷と対比されるのは、自由な市民である。そうだとすれば、自由な国家とは、他国の支配や自国の君主の恣意的な統治に屈することなく、市民が自らの国のあり方を決定できる国家であった。このような意味で、「個人の自由」と「国家の自由」が連続的に捉えられる伝統は、西洋政治思想史の一つの精神的背骨を形成してきた。

とはいえ、近代の政治思想においては、「依存」問題はもっぱら個人にフォーカスがあたることになる。そこで何よりも重視されたのは、個人が他の個人に依存しないことであった。個人の自由と国家の自由をつなげて理解する伝統はむしろ衰退し、[6] 個人の自由それ自体が議論の中心となったのである。

政治社会を構築するにあたって、人々は所与の依存関係をすべて清算して、完全に自由で平等な諸個人となる必要がある。そのような諸個人の契約によって打ち立てられた国家だけが、正当なものとなるであろう。このように説く社会契約論は、個人の依存を嫌う近代の政治思想の代表的なものである。

依存への恐怖を強調した主たる思想家としては、やはりジャン＝ジャック・ルソーをあげねばならない。『人間不平等起源論』において、ルソーは社会に存在する不平等がどこから生じたのかを探っている。その際に焦点となったのが、やはり「依存」であった。

ルソーにいわせれば、自然状態において不平等は存在しなかった。なぜなら、そもそも人間の間に恒常的な社会的関係は一切存在せず、各人はそれぞれ自足した生活を送っていたからである。人間に備わっているのは、ただ自己保存の本能と、他者の痛みや苦しみに感応する憐れみの情だけであり、ある意味でそれだけで十分だった。

ところが、人間の間には、いつしか相互依存の関係が生まれてくる。この関係こそが、あらゆる悪徳の源泉であった。人は次第にこの関係なしには生きていけなくなり、やがて嫉妬や妬《ねた》みの感情が人々を支配するようになる。他人の顔色をうかがって暮らす人々の関係はあたかも「鉄鎖」のようになり、やがて所有権の確立がこの「鉄鎖」を完成させた。

このように説くルソーにとって、依存は最終的には支配－服従関係につながるものであった。「従属のきずなというものは、人々の相互依存と彼らを結びつける相互の欲望とからでなければ形成されないのだから、ある人を服従させることは、あらかじめその人間を他の人間がいなくてはやっていけないような事情の下におかないかぎり不可能である」[7]。

ここにあるのは、他の人間に依存することが従属につながる以上、そもそも他の人間を必要とすることとそれ自体を悪とみなす思考である。しかし、人が他者に依存することはそれほど悪いものなのだろうか。

6――クェンティン・スキナー（梅津順一訳）『自由主義に先立つ自由』、聖学院大学出版会、二〇〇一年。
7――J・J・ルソー（本田喜代治・平岡昇訳）『人間不平等起原論』、岩波文庫、一九七二年、八二－八三頁。

現代政治哲学と依存

実をいえば、このような依存への恐怖は、現代の政治哲学においても幅広くみられるものである。一例としては、およそルソーとは異質な思想家と思われているフリードリヒ・ハイエクがあげられる。『隷従の道』において社会主義の計画経済を批判したハイエクは、すでに言及したように、『自由の条件』においてさらに踏み込んで自由についての原理的考察を行っている。彼にとっての自由とは「強制の排除」であり、この場合、「強制」とは人を他者の恣意的な意志に従属させることであった。[8]

これに対しハイエクが掲げるのが「法の支配」である。[9] ハイエクにとっての「法の支配」とは、諸個人が自らの行動を決定するにあたって、事前にあらかじめ一般的なルールが示されていることを意味する。重要なのは、恣意的な立法権力によって時々のルール変更がなされないことであり、また特定の個人や集団を狙い撃ちした個別的立法が行われないことである。

ハイエクといえば、市場を絶対視する思想家というイメージが強い。とはいえ、実際にその著作を読んでみるとその印象はやや異なる。彼を突き動かしているのは市場メカニズムへの信頼という以上に、他者の意志に従属することに対する忌避感である。他の個人の恣意的な意志に振り回されるくらいなら、形式的で一般的なルールに従う方がはるかにいい。もっとも悪いのは、他者のさじ加減次第という状態に置かれることである。ハイエクが市場を評価したのも、それが非人格的なメカニズムであることによる部分が少なくなかったはずだ。

他者の恣意的な意志への従属を恐れているのは、ハイエクだけではない。新たな生活保障の構想として現在脚光を浴びている、いわゆる「ベーシック・インカム（基礎所得保障）」論にしても、根底にあるのはやはり他者へ依存することへの恐怖ではなかろうか。

この仕組みにおいては、国民の最低限度の生活を保障するため、一人ひとりの国民に直接現金が給付される。なぜこの仕組みが、伝統的な生活保護や失業保険、医療補助や子育て扶助などの個別的な政策に比べ優れているかといえば、これらの制度に含まれる逆差別や不公正の可能性を排除できることに加え、現場レベルの行政担当者による恣意的運用を避けられるという点が大きい。

その際、ポイントになっているのは、個別の制度にどれだけの不合理があるか、あるいは実際の運用にどれくらい問題があるかではない。少なくとも、それが主眼ではない。むしろ本質的なのは、全員一律の現金給付という仕組みには、他者の恣意的な判断が入り込む余地

8——F・A・ハイエク（気賀健三・古賀勝次郎訳）『自由の条件』［Ⅱ］、春秋社、二〇〇七年、第九章。
9——ハイエク『自由の条件』［Ⅱ］、第一一章以下。

が一切ないように思われる点である。少なくとも、末端行政官による裁量の余地をすべて排除することが重要である。

ここにみられるのはやはり、他者の判断や裁量に依存することへの恐怖である。何よりも避けるべきは、特定の個人の意志に左右されることである。それと比べれば、非人格的で一般的なルールや制度に従うことは、はるかにましである。このような発想は、今日の多様な政治哲学的思考にも広く浸透しているのではなかろうか。

ケアの倫理学

近代の政治学において繰り返し表明されてきた依存への恐怖であるが、これに対する異議申し立てが、意外な角度からなされることになる。「ケアの倫理学」からの問題提起がそれである。[10]

子どもや高齢者、障害をもつ人々など、世の中には他者の支援を必要とする人々がたくさんいる。いやむしろ、他者による配慮をまったく必要としないという人の方が、例外的なのかもしれない。誰にも子どもの時期はある。この世に生まれ落ちた瞬間から「自立」した人間など、いるはずもない。そして人は、いつの日か確実に老いる。最後の瞬間まで、けっして人の頼りにならないでいることは、事実上不可能である。

そうだとすれば、人が「自分は他者に依存していない」と思える期間は、人生のうちの一定の期間に過ぎない。さらにいえば、そのような期間においてすら、人間はつねに他者からの支援を必要としている。

そうだとすれば、「依存」とは、人間にとってけっして忌避すべき対象ではなく、むしろ人間という存在にとって、きわめて本質的な状態ではなかろうか。そして、「人間は他者に依存せずには生きていけない」という事実から目をそらすことは、人間とその社会を考える上で、むしろきわめて深刻なバイアスをもたらすのではないか。ケアの倫理学はそのように問いかけた。

しかしながら、ここまでも繰り返し論じてきたように、近代の政治思想においてつねにモデルとなったのは、「自立」した個人であった。「自立」した諸個人から成る社会を構想するにあたって、「依存」は悪であり、子どもや高齢者、障害者などを手助けするケアの活動は、その理論のどこにも位置を占めることがなかった。

「自立」した個人の像を支えたのは、独特な公私二分論であった。現実の人間は、いろいろなかたちで他者に依存している。とはいえ、近代の政治思想において、「依存」はいわば、

10――この問題についてもっとも徹底的な理論的検討を加えた著作として、岡野八代『フェミニズムの政治学――ケアの倫理をグローバル社会へ』、みすず書房、二〇一二年がある。

「私」の領域における事柄とみなされた。

これに対し、政治は「公」の世界の話とされる。人々は、ひとたび市民として政治に参加する以上、「私」の領域における事柄をすべて括弧に入れることが求められる。結果として、いつしかケアの問題は「私」の領域のなかに封印され、政治の領域から排除されてしまったのである。

問題なのは、このような思考の下、人間がもつ脆弱性が見失われたことである。人間が本質的にヴァルネラブルな存在であることは隠蔽され、むしろルソーがいうように、「他の人間がいなくてはやっていけない」ことが悪とみなされるようになった。

フェミニズムの視点からケアの倫理学を考察する政治理論家の岡野八代《やよ》は次のようにいう。「政治思想史とは、わたしたちの生が脆弱であるという事実と、脆弱な人びとの間で育まれてきたつながりをいったん忘れさせ、政治的な主体を社会の出発点に据えることで、政治的共同体に相応しいとされるつながりを構想してきたのである[11]」。

主権の確立と依存の排除

それでは、なぜ近代の政治思想において、これほどまでに依存が忌避されたのか。その背景を考えるにあたって、やはり考慮しなければならないのが主権国家の問題である。中世の封建社会においては、独自の課税権や裁判権をもつ封建諸領主が各地に割拠し、国王権力といえども、きわめて限定的な支配権しかもたなかった。人々は多様な地域的・身分制的な組織に帰属し、そのような組織が一定の自律性をもち続けた。

これに対し主権国家は、絶対君主が自国に対する他国の影響力を排除し、常備軍や官僚制によって、領域内の聖俗の領主や都市に優越する絶対的な権力を確立することによって成立した。このようにして実現した、対外的な独立性と対内的な至高性を指して主権と呼ぶ。封建的な割拠を克服し主権を確立した近代国家の下、領域内における正当な暴力の行使は、主権国家にのみ認められることになった。主権国家は、多様な組織から人々を解放したのである。

結果として一方には権力を集中した国家と、他方にはさまざまな封建的諸関係から切り離された諸個人とが、向き合いあうことになった。そしてその両者を媒介する論理がまさに社会契約論である。社会契約においては「自然状態」が想定されるように、人々のつながりはいったんなかったものとされ、あらためて個人の意志に基づく同意によって政治社会が再構築される。

11――岡野『フェミニズムの政治学』、一二三頁。

しかしながら、このような社会契約論の論理は、けっして抽象的な思考実験にのみ基づくものではなかった。それはむしろ、近代の政治思想が、人と人との所与のつながりを切断することで確立した主権国家を前提としたことの、必然的な帰結でもあった。

このことは、人権の担い手としての自由で平等な個人という理念が、独特なかたちで主権国家の論理と結びついたことを意味する。『全体主義の起源』において、ハンナ・アレントが指摘したように、いかなる主権国家にも属することのない人間は、最低限の人権も認められないのが二〇世紀の現実であった[12]。

しかしながら、人権とは、すべての人間が生まれながらにもつ権利であることを思えば、主権国家に属さない限り人権を享受できないというのは、大きな矛盾であった。主権国家の構成員であることを必要条件とする人権とは、本当の意味では人権とは呼べないものなのかもしれない。にもかかわらず、人権の承認は、その出発の時点から、主権国家の確立と不可分であり続けたのである。

依存のパラドクス

身のまわりの諸個人への依存を嫌うことが、実は国家や多数者に対するより大きな依存へと結びつく。このようなパラドクスを指摘したのは、アレクシ・ド・トクヴィルである。トクヴィルは『アメリカのデモクラシー』の第二巻で、民主的社会における独特な個人主義の作用を分析している。

トクヴィルはここで二つのパラドクスを指摘している。第一は、すべてを自分で判断したいと願う民主的社会の個人が、実はかつてないほど、まわりの人間に動かされやすいという逆説である。

平等を大原則とする民主的社会において、人々は誰にも依存することなく、すべてを自分で判断することを願う。人間は平等である以上、いかなる個人も特別の権威をもつことはないからである。自分は他のいかなる個人に対しても劣るものではない。そうである以上、すべてのことは自分自身で判断したいと願うのが、平等時代の個人である。

とはいえ、このような個人の願いは、独特なかたちで裏切られることになる。というのも、たしかに、一人ひとりの個人は特別ではない。が、このことは、自分もまた特別の存在ではないことを意味する。そうだとすれば、自分と同等な諸個人から構成される多数者の意見に、人はどうしても抗することができない。

第二に、伝統的な社会的つながりから切り離され、自分の世界に閉じこもりがちな民主的

12――ハナ・アーレント（大久保和郎・大島かおり・大島通義訳）『全体主義の起源』1・2・3、みすず書房、一九八一年。

社会の諸個人にとって、身のまわりのことですら、その隣人と協力して自ら処理することが難しくなる。日常生活において人々と一緒に何かをするという経験が欠けているため、いざ何かの必要が生じても、ただちに結びつきをつくることができないのである。

結果として、身のまわりの個人と力を合わせることができない諸個人は、遠い国家権力に依存することになる。たしかに民主的社会の個人は、特定の個人に依存することを非常に嫌う。それがただちに不当な権力の現れとしてみえるからである。ところが、遠くにある一般的な形式をとる権力に依存するのは、意外なほど平気である。それが非人格的なものにみえるため、人々のプライドを傷つけないからである。

このように、民主的社会の諸個人は、かつてないほど独立を望み、自分一人でいることに誇りを感じる反面、かつてないほど世の中の動きに左右され、国家権力に依存することになる。結果として、国家権力の影響力はこれまでになく大きなものとなり、その「柔らかな専制」は、真綿で首を絞めるように、人々の自由を圧殺していく。トクヴィルはそのように説いたのである。

相互依存的な自由

このように、近代の政治思想は、個人が他の諸個人に依存することを恐れた結果、むしろより大きな国家への依存を生み出してしまった。そして、自由を考えるにあたって、人々の相互依存の契機を一切排除してしまうことにもつながった。哲学者の鷲田清一は次のように指摘する。

「依存（dependence）というのは、一面、たしかに不自由である。しかしだからといって、「自由」は他者からの独立（independence）のほうからのみ規定されるわけでもない。その中間に、他者たちとの相互依存（interdependence）という位相がある。《自律》的主体として「自由」を考えるときには、この面における「自由」が抜け落ちる。自己意識のなかで自己を成形してゆく「自由」は、自己意識という閉回路のなかで空回りして、interdependenceの関係から浮き上がってしまう」[13]。

はたして政治をめぐる思考は、ケアの倫理学がいうような、人と人との必然的な依存や扶助の関係を、自らのうちに取り込むことができないのであろうか。そして依存を恐れるあまり、さらに巨大な依存へと人々を導いてしまったのだろうか。

もちろん、自由と依存が一定の緊張関係に立つことを無視するわけにはいかない。他者の恣意的な意志から自由になりたいという人々の願いを、軽視するわけにもいかない。したが

13——鷲田清一『〈ひと〉の現象学』、筑摩書房、二〇一三年、一五三頁。

って、それこそルソーのいう「鉄鎖」によって、人々を縛り付けることが望ましくないことは強調するまでもない。

とはいえ、すべての依存を等しく敵視し、政治の領域から排除することには重大な問題がある。その意味で、依存を依存として認めつつ、そのうちのいかなる依存を、どの程度まで認めるかは、きわめて本質的な課題であろう。人々の自由と依存の関係をめぐる、より繊細な思考が求められているといえる。

3　狭まった対話の回路

ホッブズの場合

ここまでみてきたように、近代政治思想史を思い切って戯画化すれば、自己の厚い壁の内にこもった個人が、他者に依存することを何よりも恐れながら、それでも何とか共存をはかるための論理を模索してきた歴史であったといえるだろう。

このことはいかなる帰結をもたらしたか。間違いないのは、そのような個人と個人の間の対話の回路が、きわめて狭いものになってしまったことである。自立のオブセッション（強迫観念）に苛《さいな》まれる個人は、他者とのつながりを求めつつも、同時にそれを恐れることになる。ルソーがいうような「他の人間がいなくてはやっていけない」という状態は、何としても避けねばならないものであった。

しかも、そのような個人にとって、他者とのつながりを見出すことはけっして容易ではなかった。「緩衝材」は自分を守ってくれる一方で、自他を切り離す障壁ともなったからである。自らを守り、かつ閉じ込める壁の内側からそっと外をのぞき、おずおずとその手を差し出すのが近代的個人の像であるというのは、誇張が過ぎるであろうか。

はたして、他者との関係をもつことを忌避する諸個人の間に、合意を形成することは可能なのか。そもそも、直接向き合うことから逃れようとする個人に、どうすればコミュニケーションを促すことができるのだろうか。

この点について、近代の政治思想が示した回答は、けっして多様であったとはいえない。基本的な方向を示したのは、やはりトマス・ホッブズの『リヴァイアサン』（一六五一年）であろう。[14]

14――トマス・ホッブズ（水田洋訳）『リヴァイアサン』、岩波文庫、全四巻、一九九二年。

ホッブズの前提にあるのは、善悪の問題は個人の主観性を免れず、したがって確固とした秩序を築くための基礎にはなりえない、という判断であった。そうだとすれば、何が善であり、何が悪であるかを論じてもきりがない。むしろ、すべての個人に共通することから出発するしかないとホッブズは考えた。

ホッブズのいう自然権とは、自分が適切であると思う手段によって、自分の生命を守る権利である。要は、どんな人間でも自分の命は惜しいと思っているはずだ、という想定が彼の出発点になっている。[15]

とはいえ、どうすれば自分の生命をよりよく守れるかについて、人々の判断は食い違う。そうだとすれば、判断を一本化することが何よりの解決となるであろう。一人の個人もしくは集団を共通の代理人に指定して、その個人あるいは集団の判断を自らの判断とみなすという契約を結ぶことをホッブズは提案した。

ここにあるのは、あなたは命が惜しいはずだ、そして他の人も同じはずだ、という相互性の論理である。この相互性の論理の延長線上に、他人の権利も等しく認める限りにおいて、自分の権利も認められるという人権の論理が展開されることになる。ある意味で個人の思考実験に相互性の論理を加えることで、一つの答えを抽出する。ホッブズが示したのは、このような思考法であった。

ロールズの場合

このような思考法は、時を越え、現代において社会契約論を復活させたとされるロールズの『正義論』にまで、つながっている。本章の第一節で触れたように、「原初状態」における個人は、社会を成り立たせる基本的なルールについて、思考実験を求められる。その際に、自分の社会的な属性をいったん忘れなければならないことについては、すでに述べた。あくまで孤独な一人だけの思考実験である。ただし、他の場所で、同じような思考実験をしている人々がいることだけは知らされている。そして、そのような諸個人はけっして破壊的な人々ではなく、自分と同程度の理性をもって、秩序の実現を願っていることが保証されている。

ロールズはいう。あなたは、あなたにとってもっとも望ましい社会的ルールを求めているはずだ。そして、他の人も同じように考えている。ただ、自分の境遇がわからないので、どうすれば自分の利益を最大化できるかわからない。そうだとすれば、自分が社会的にもっとも恵まれていない立場にある場合を想定してみてはどうだろうか。

15——実はこれはけっして自明ではない。というのも、宗教的テロにみられるように、ときとして人は自分の生命を投げ出してでも、何らかの「大義」を追い求めるからである。

不確実な状況下では、予測される最悪の事態を避けることが何よりも重要である。そうだとすれば、最悪の立場にある人にとっての最善をはかる社会的枠組み、すなわち「マキシミン」ルール[16]は、けっして非合理な選択ではないはずだ。

このようなロールズの論理の運び方は巧みである。しかしながら、あくまで孤独な個人による思考実験が大前提であり、（自分と同じように）自己の利益を最大化することを願っている他の個人がいることをうっすらと感じながら判断をするというモデルは、ここまで論じてきた「近代的な個人」像の延長線上にある。そしてそのモデルが、特殊なバイアスをもったものであることも否定できないだろう。

このようなロールズのモデルにおいて重要なのは、自分と同様な人がいて、その全員が同意できるルールでなければならない、という枠組みである。もちろん、いろいろな人間がいるはずだ。そのような諸個人が、自らの属性がわからなくなっているとはいえ、等しく合意できるルールというのは、かなり厳しいしばりである。

ここでロールズが持ち出すのが、「パレート効率性」である。このモデルによれば、ある一人の状況を、他の一人の状況を悪化させることなく改善できるなら、現在の財の配分のありようは効率的ではない。逆に、このような改善を進めた結果、なおある個人の境遇を向上させる可能性が残っていても、その改善をすれば今度は他の一人の暮らし向きを悪化させてしまう場合には、そこでストップになる。すなわち、それがもっとも効率的な状態であるということになる。

なぜロールズは、このようなミクロ経済学的な思考法を持ち出すのであろうか。肝心なのは、このような効率性なら、当事者の誰もが同意するはずだという想定である。理想の財の配分となると、意見は分かれる。しかしながら、このように、これ以上やったら別の誰かが損をするというギリギリまで、一人ひとりの状況の改善をはかることには、反対するものはいないはずだ。

すでに触れたように、ロールズが想定する個人は、自分の利益を最大化しようという意味ではたしかにエゴイストである。とはいえ、この場合のエゴイストとは、他人には関心をもたないエゴイストである。「本書が設ける特別な想定として、合理的な個人は嫉みに悩まされないというものがある」[17]。「彼らは愛着や憎しみによっては動かされない。また当事者たちは、相互比較の上に立った相対的な利得を得ようともしない。彼らは嫉妬深くもなければ、虚栄心が強いわけでもない」[18]。

16——「最大多数の最大幸福」を基準とするのではなく、もっとも恵まれない人の境遇（ミニマム）を、もっとも改善する（マックス）ことを、ゲームのルールとすることを意味する。

17——**Rawls, John, *A Theory of Justice* (revised edition), Oxford University Press, 1999, p. 124.**（川本隆史ほか訳『正義論：改訂版』紀伊國屋書店、二〇一〇年、一九三頁）

言うまでもなく、自己の利益を最大化しようとはするが、他者と自分を比較してみようとは思わない個人というのは、かなり奇妙な想定である（「隣の芝生は青い」！）。が、ロールズの前提が、あくまで孤立した個人の思考実験である以上、他者のことを考えすぎて、自分の決定ができなくなってしまう可能性を排除しなければならない。ロールズが自らの理論から嫉妬を取り除くのは、そのためであろう。

もしロールズ的個人が自分と他人を比較するならば、それは合意への大きな障害となるはずだ。嫉妬する個人は、仮に自分の境遇が変わらないとしても、他人の状態がより良くなることに不満を感じるからである。あくまで自分の利益の最大化だけを考えて、他人のことには無関心な個人というロールズの想定は、ここから来ている。

経済学的思考の優位

もっとも、このような思考法は経済学一般にみられるのであって、ロールズのみを責めるのは不当かもしれない。他人に関心をもたず、価格という指標だけをみながら、自分のふるまいを決定する個人の像は、近代的経済学にとって何ら特別なものではない。

例えばアメリカの経済学者ミルトン・フリードマンは『選択の自由』（一九八〇年）のなかで次のようにいう。「世界の多くの人びとが、（中略）お互いに話し合ったりお互いを好きになったりすることさえも必要とせず、(中略) それでもかなりの利益を促進できるようにするという仕事を、われわれのためにやってくれるのが「価格機構」だ[19]。

ロールズに問題があるとすればむしろ、このような経済学のモデルを政治哲学にもちこみ、およそ社会において合意をもたらす唯一の思考法とみなしたことにある。たしかにロールズの政治哲学は、経済学の思考と親近性をもっている。そしてこのことは、一概に否定されるべきではない。

とはいえ、思考のひとつの局面として、きわめて慎重に選ばれたモデルを、その制限を越えて拡張することにはやはり問題があるのではないか。はたしてロールズがこのような禁を破ったかどうかが問われるところである。

それでは、経済学のモデルはどこから生じたのだろうか。ここで参照すべきは、経済思想史家のアルバート・ハーシュマンの『情念の政治経済学』(一九七七年)である[20]。この本のなかでハーシュマンは、人間の情念の噴出を、いかにすれば食い止められるかを考察する。古典的なのは、宗教や理性の力によって情念をコントロールすべきであるという答えであった。

18――Rawls, p. 125. (邦訳、一九五頁)
19――ミルトン&ローズ・フリードマン (西山千明訳)『選択の自由――自立社会への挑戦〔新装版〕』、日本経済新聞出版社、二〇一二年、二一頁。

しかしながら、宗教内乱以後、もはや宗教が情念を外的に制御することはできないことが露呈してしまう。宗教は情念を抑止するどころか、もっとも激烈な情念をかき立てるものであることが、誰の目にも明らかになったのである。

結果として人間の理性への期待が高まったが、理性もまた、あてになるものではなかった。一八世紀の哲学者デイビッド・ヒュームは、理性は情念を抑止するどころか、むしろ情念の奴隷にしか過ぎないことを暴露している。そうだとすれば、どうすればいいのか。ヒュームが示したのは、情念を抑制するのは反対の方向を向いた情念だけである、という洞察であった。彼によれば、情念に情念をぶつけてその力を相殺するしか、情念をコントロールする方法はなかったのである。

このようなヒュームと考え方を同じくしたのが、彼の同時代人であるモンテスキューであった。彼の権力分立論とは、まさに権力の濫用を防ぐ唯一の歯止めは、その権力の拡大を喜ばない他の権力の存在であるという信念に基づいていた。

とはいえ、権力者の権力欲という情念に比べ、さらに安全性の高い情念がある。モンテスキューによれば、それが経済活動における利益追求の情念であった。利益追求の情念は、権力欲という情念より「穏健」であるのみならず、経済活動の発展こそがむしろ権力者の恣意的な振る舞いを思いとどまらせるという効能までをもっていた。

ここに、人間の暴力を抑えるのにもっとも有効なのは経済活動である、という考え方が見出されることになる。これこそが、経済学の生誕を画する重要な転換点であった。

興味深いのは、経済学の生誕において肯定的に論じられたことが、今日ではむしろ経済を断罪するのに持ち出されていることである。フランスの哲学者ジャン＝ピエール・デュピュイは『経済の未来』において、ハーシュマンに言及しながら、次のようにいう。「人間存在が経済計算の能力へ切り詰められて一元化されること。個人が孤立して関係が貧弱化すること。その行動が予測可能なものとされてしまうこと。（中略）互いに対して無関心となり、エゴとともに私的な領域へ引き込もること。それこそが暴力的な情念の「感染」に対する治療薬なのだと思い描かれていたのである[21]」。

本書の視点からデュピュイの議論を言い換えれば、宗教内乱をへて、人間と人間の対話の回路として浮上したのが経済活動であり、それはまさに、フリードマンがいうように、「お互いに話し合ったりお互いを好きになったりすることさえも必要」としない人間たちのため

20――アルバート・O・ハーシュマン（佐々木毅・旦祐介訳）『情念の政治経済学』、法政大学出版局、一九八五年。

21――ジャン＝ピエール・デュピュイ（森元庸介訳）『経済の未来――世界をその幻惑から解くために』、以文社、二〇一三年、三九頁。

のものであった。とはいえ、このモデルが社会において全面化したときに何が生じるのか。それが最終的な問題となる。

なぜ政治は嫌われるのか

イギリスの政治学者コリン・ヘイの著作に『政治はなぜ嫌われるのか』（二〇〇七年）がある。[22]現代世界に拡がる政治家不信や官僚たたきの背景にあるものは何か。本書の出発点となるのは、民主主義国家であるほど、政治が嫌われているという事実である。なるほど、先進国と呼ばれる世界の民主主義国において、投票率の低下が一貫してみられるのは事実である。それだけではなく、普通の市民が政党のメンバーになったり、政治活動に参加したりすることも少なくなっている。

「政治とは欺瞞にみちたうす汚れたものだ。政治に関わろうとする人間とは、公共の利益の名の下に自己利益を追求する輩に過ぎない。結果として、政府をはじめとする公共セクターは非効率となり、非人間的な官僚主義に汚染されることになる」。このようなイメージが、世界各国に共通してみられる。

しかしながら、ヘイが問題にするのは、このようなイメージがそれ自体として正しいか否かではない。むしろ、このようなイメージが、いわば世界共通の気分のようなものとしてあり、とくに一九七〇年代以降に顕著になったことが重要である。仮にこの時期に一斉に政治家の資質が悪くなったのではないとすれば、あるいは人々の政治への見方が変わったのではないかとヘイは考える。

ここでヘイが指摘するのは、政治学における公共選択理論である。これはやや意外な真犯人であろう。というのも、公共選択理論とは純然たる学問的手法であり、狭い研究者の世界を越えて、人々の政治への見方を変化させるほどの影響力をもったとは考えにくいからである。

とはいえ、ヘイが問題にしているのは、公共選択理論そのものというより、その背景にあるような思考法の浸透であろう。この思考法によれば、政治家や公務員は、他の個人と同様、費用と効果を計算し、自己利益を合理的に最大化しようとする存在とみなされる。そのようにみることで、あらゆる政治現象を説明することができるし、新たな制度作りも可能となる。

しかしながら、ヘイにとって問題なのは、このような思考法が浸透することによって、いよいよ古典的な政治観――政治とは公共的な価値を実現するものだとするような――が掘り崩されてしまうことにある。言い換えれば、公共選択理論は自己実現的なのである。つまり、

22――コリン・ヘイ（吉田徹訳）『政治はなぜ嫌われるのか――民主主義の取り戻し方』、岩波書店、二〇一二年。

それが影響力を拡大することによって、ますますその予言が実現してしまう。ヘイにいわせれば、公共選択理論は、市場化や民営化を推進する新自由主義とも相性がいい。両者あいまって、人々はますます政治を嫌うようになり、投票にも行かなくなるという悪循環が生じている。

ヘイが直観的に示している一九七〇年代というのは示唆的であろう。というのも、ロールズの『正義論』が刊行されたのも、一九七一年のことだからである。つまり、政治不信の高まりの始まりと、現代政治哲学復興の導きとなった著作の刊行とは、同じ時期のことなのである。このような奇妙な符合を、どのように理解すべきなのであろうか。

ここまで論じてきたことを踏まえれば、このパズルはけっして難しくはないだろう。ロールズの思考にみられる経済学的思考はそもそも、政治ぎらいの要素を含んでいた。宗教内乱から出発した近代の政治思想は、やがて人と人との直接的な接触を回避し、一人ひとりの個人が孤独な利益計算を行うことを推奨することで、暴力を回避する道を選んだ。

このことが最終的にもたらしたのが、経済学的思考の優位であった。そして、この潮流が、ロールズの政治哲学にも流れ込んでいる。もちろん、ロールズの政治哲学は経済学とははっきりと一線を画している。ロールズが目指したのは、社会の価値を効用に一元化し、「最大多数の最大幸福」を社会改革の目標に掲げる功利主義の克服であった。

とはいえ、このような課題を実現するにあたって、ロールズはまさに経済学的思考を援用した。すなわち「パレート効率性」というモデルが、『正義論』を貫く思考の原理となっているのである。このモデルにおいて、人々は相互に関心をもたない。ただひたすら自己の利益の最大化を目指し、他者との直接的なかかわりを回避するのである。

この場合、他者は端的に自己利益の追求者としてのみ理解される。そのような他者との対話の回路は存在せず、ともに何かをすることも想定されていない。

しかし、問題なのは、このような個人のみによって政治を構想することができるのか、ということである。ヘイがいうように、現代の人々は政治家のことも単なる自己利益の追求者としかみていない。そして、そのことがさらなる政治不信と、有権者の政治的不能感を加速している。

あまりに狭まった政治の回路について、わたしたちは再考する必要があるのではないか。不信と無力感を乗り越える道は存在しないのだろうか。

第3章

習慣の力

1　偶然から秩序へ

ハビトゥスと習慣

筆者はかつて、プラグマティズムが強調する習慣に言及したことがある。

ちなみに、現在、どの書店に行ってみても、実に多くの「自己啓発書」が目につきます。そのような「自己啓発書」のうちの何冊かをぱらぱらめくっていると、次のような言葉に必ず出会うはずです。「行動が変われば習慣が変わる／習慣が変われば人格が変わる／人格が変われば運命が変わる」。アメリカのプラグマティズムの心理学者、ウィリアム・ジェームズに由来するというこの言葉は、いくつかのバージョンを伴って、時間管理のハウツー本、スポーツ選手の自伝、語学書など、驚くほど多くの本に登場します。まさしく、現代の「箴言」にほかなりません。[1]

この「箴言《しんげん》」に対し、当時の筆者は「このアドバイスは、それ自体としては、なるほどと思わせるものがあります。ただ、絶えざる自己コントロールを奨励する、いささか功利主義的な臭いが感じられなくもないこの言葉が、かくも頻々と引用されているのを見ると、何ごとかを思わざるをえません」と批判的なコメントをしている。

しかしながら、いまから思えば、このような言葉を残したジェイムズの意図はもちろん、プラグマティズムの思想家たちが習慣という概念に託した思いについても、筆者はあまりに無知であった。

たしかに、この言葉から功利主義的な含意を導き出すのは難しくない。例えば、やはりジェイムズから語り起こして習慣を論じた近刊本に、『ニューヨーク・タイムズ』記者のチャールズ・デュヒッグによる『習慣の力』(二〇一二年)がある。この本は、アルコール依存の習慣からの脱却からスターバックスの成功の原因に至るまで、すべてを「習慣の力」の観点から論じている。邦訳のオビに「「良い習慣」を増やせば人生は劇的に改善する!」[2]とあるように、「早起きは三文の得」的なノウハウ本の響きがあることは否定できない。[3]

1――宇野重規『〈私〉時代のデモクラシー』、岩波新書、二〇一〇年、七二―七三ページ。
2――チャールズ・デュヒッグ(渡会圭子訳)『習慣の力』、講談社、二〇一三年。
3――とはいえ、この本は実際には公民権運動にも触れるなど、実はかなり射程が広い。

とはいえ、ラテン語のハビトゥスに語源をもつ「習慣（habit）」という概念は、日本語での印象に比べ、はるかに深い含意があるのも間違いない。例えば不治の病に苦しみながら、カトリック作家としてアメリカ南部で独自の文学世界を築いた女性作家フラナリー・オコナーは、フランスの思想家ジャック・マリタンの「芸術の習慣」に言及しつつ次のようにいう。「習慣は、人格全体に深い根を下したものであるはずである。（中略）長い時間をかけて、経験をとおして養われなくてはならない」[4]。

さらに、中世哲学の研究者である山内志朗は「習慣」を和語の「ならい」に引きつけて論じた上で、ラテン語のハビトゥスとの異同を論じている。「ハビトゥスには日本語でいう習慣よりも言葉の意味に奥行きがあり、身体や精神を座としてそこに根づき、消滅し難く備わっている能力であり、行為を結果として直接生み出す基体なのである」[5]。このようにいう山内は、ハビトゥスこそが「人柄」を培う基盤であるとも論じている。

このように、習慣という言葉は、単にパターン化した行動様式を意味するのではない。むしろ、時間をかけて形成され、身体化されたものであり、「人格」や「人柄」を映し出すものでもある。

中世哲学への深い愛着を示したジェイムズやチャールズ・サンダース・パースらは[6]、このような意味での習慣を継承しつつ、独自のプラグマティズム的解釈を加えたといえる。そしてそのような意味での習慣を、さらには社会変革に向けての梃子として活用したことにこそ、彼らの哲学的営為の真骨頂をみることができよう。

パースの生涯

とはいえ、一口にプラグマティズムの習慣論といっても、論者によってその内容に違いがある。習慣という概念を重視したことは共通していても、そこに託された思いやねらいは多様であり、背景となっている知の構想も同じではない。

そのなかで、ひときわ論理学や科学論との結びつきが深いのがパースの習慣論である。ちなみに、ジェイムズやデューイと比べて、もっとも理解が難しいのがパースである。そもそも「プラグマティズム」という言葉をつくったのがパースであることからもわかるように、初期のプラグマティズムを知的に主導したのは圧倒的にパースであった。ところが、パース

4――フラナリー・オコナー（上杉明訳）『秘義と習俗』、春秋社、一九八二年、九六頁。小説家の大江健三郎はこのオコナーの言葉を受けて、さらに「人生の習慣」を論じている。大江健三郎『人生の習慣《ハビット》』、岩波書店、一九九二年。

5――山内志朗『〈つまずき〉のなかの哲学』、NHKブックス、二〇〇七年、一二七頁。

6――パースは中世の普遍論争における実在論、とくにドゥンス・スコトゥスに多大なる共感を示し、ジェイムズは中世の神秘主義思想家への関心をもち続けた。

の知名度は必ずしも高くない。

プラグマティズムが世に広まったのは、この言葉を友人であるジェイムズが「パースの生み出した概念」として紹介したことが大きかった。これに対しパース自身は、人口に膾炙《かいしゃ》するようになったプラグマティズム概念に不満を抱き、後に自らの考え方を「プラグマティシズム（pragmaticism）」と呼んで、あえて区別している。パース自身にとって、この概念はあくまで論理学的な原理であった。

パースはしばしば「早すぎた」存在とされる。彼の進化論的な宇宙論は現代的なビッグバン宇宙論に先駆けるものであったし、彼がつくり出した記号論理学はコンピュータのアルゴリズムの基礎ともなった。[7] 集合論など数学基礎論でも卓越した業績を残したパースはまさに、「合衆国が生んだ最も多才で、最も深遠な、そして最も独創的な哲学者」（哲学者ポール・ワイスの言葉）であった。

にもかかわらず、その生涯において、パースの努力が報いられることはほとんどなかった。ハーヴァード大学の著名な数学の教授を父にもったパースは、少年時代から将来を嘱望《しょくぼう》された存在であった。ところが、その偏屈な性格や結婚をめぐるスキャンダルから、ついに望んだ研究者ポストを大学に得ることなく生涯を終えた。

職業人生の大半を米国沿岸測量局などでの測量の仕事に費やし、その後も、辞典項目や新刊書評の執筆、雑誌への寄稿によって生活費を稼いだパースは、貧窮がいよいよ極まった晩年には、ジェイムズら友人の支援によってかろうじて糊口をしのいだほどであった。

しかしながら、パースの苦闘を、単に彼の人格や境遇の特殊性のみによって説明するわけにはいかないだろう。やはり、彼は「早すぎた」存在だったのかもしれない。

パースが生きたのは、普遍的な自然法則が宇宙をつねに支配するとした一九世紀的な科学観が、ダーウィンの進化論によって揺らいでいた時期であった。言い換えれば、宇宙には確実なものがあるとするダーウィン以前の科学像が、この宇宙には確実なものは何もないというポスト・ダーウィン的な科学観へと移行しつつある時期に、パースはその生涯を送ったのである。

この宇宙の根底にあるのは、偶然性である。このように考えるパースが目指したのは非決定論的な科学であり、偶然や混沌を許容するような宇宙論であった。とはいえ、彼が生きたのは、いまだ相対性理論や量子力学が形成されていない時期であった。

ある意味で、そのような過渡期にあって、独自の記号論理学によって新たな科学や宇宙像を構築しようとしたことにこそ、彼の偉大さと悲惨さがあった。実際、パースの業績のうち、

7――伊藤邦武『パースの宇宙論』、岩波書店、二〇〇六年。

死後になってはじめてその意義が理解されたものも少なくない。結果として、その存命中には、パースはつねに周囲の無理解と闘わなければならなかった。

習慣によって生まれる宇宙の秩序

そのようなパースの科学観、宇宙論の中核に位置するのが習慣である。科学や論理学の世界に習慣という概念が登場するのは、いささか意外かもしれない。しかしながら、パースにとって、混沌とした宇宙に秩序が生まれるのは、まさに習慣の力によるものであった。すでに述べたように、パースにとって、この宇宙の最初にあるのは偶然性であり、混沌であった。それは無秩序であると同時に、自発性や独創性の源でもある。これをパースは「第一のもの（The First）」と呼んだ。

ちなみに、「一、二、三」というのは、パースが好む数え方であった。「一、二、三」というと、ヘーゲルの正・反・合の弁証法を想起するが、パースの「一、二、三」は、ヘーゲルの弁証法とはまったく異なる宇宙のビジョンを示すものであった。若きパースもまたカント哲学の詳細な読解から出発しているが、同じくカント哲学を読んだパースとヘーゲルが、異なる「一、二、三」の思考法を展開したのは興味深い。

話を元に戻すと、「第一のもの」が偶然性であるとすれば、「第二のもの」とは何か。それは法則である。すなわち、偶然性のなかからやがてある種の規則性が生まれ、原因と結果とが一連の事象として連鎖してつながっていく。このような規則性は最終的に法則へと行き着くことになるが、パースの考えでは、いっさいの偶然性が消滅し、すべてが法則によって完全に結晶化したとき、世界の終わりが訪れることになる。

しかし、何がこの「第一のもの」と「第二のもの」、すなわち偶然性と法則を媒介するのだろうか。そこで登場するのが、「第三のもの」である習慣化の傾向である。自然のなかにある偶然性の自由な戯れから、やがて習慣化の傾向が生まれるが、そのような傾向はいったん生じると自分自身の力を強化し、進化の性質をもつようになる。

このようなパースの宇宙生成論を一言でまとめれば、「宇宙の構造は秩序（コスモス）と無秩序（カオス）との相互作用によって生まれ、それを媒介したのは「成長する習慣形成の力」であった」（伊藤邦武[8]）ということになるであろう。

それではパースはなぜこのような宇宙のビジョンを示そうとしたのか。その背景には、彼独自の知の構想があったことはいうまでもない。彼が闘おうとしたのは、決定論的な宇宙像である。ニュートンの力学的な宇宙像が示すように、あらゆる出来事には必ず原因があり、

8——伊藤『パースの宇宙論』、九頁。

原因と結果とは数学的な法則性によって完全に規定されているとする必然論に対し、パースは「偶然主義」を掲げた。

世界にはつねに偶然性の働く余地が残されており、ユークリッド幾何学と同時に、複数の非ユークリッド幾何学が思考可能である。パースは非ユークリッドが出現した時代にふさわしい、新たな思考法の構築を目指したのである。

実際、熱力学や電磁気学の発展によって、この時期すでに、物理学の世界においてもミクロレベルでの決定論的な世界観は崩壊していた。問題はミクロレベルでの不決定性が、いかにマクロレベルでの法則的現象を生み出すかであった。

このメカニズムを解明するためにパースは、確率論と統計学の発展に注目した。個人であれ、分子であれ、個的なものは予測不可能な仕方でふるまうが、統計的にみれば、その総計は一定の法則に従っている。いわば不規則なみかけの背後に、一定の秩序が存在するのである。

パースが目指したのは、不確定性と摂理が合致する宇宙像であった。[9] そしてその場合、鍵となるのが習慣の力であった。「習慣の力とは、個々の具体的な状況のなかで何らかの一般的なパターンを実現するとともに、状況に応じて必要とあれば、それまでのしかたでは対応できない状況に応じるような、新しい一般化のパターンを生み出すことである[10]」。

このようにパースの宇宙論における習慣とは、個別的な偶然性を全体的な秩序へと媒介する存在であり、新たな状況に応じて変化し成長する力でもあった。習慣とはいわば、つねに新たな要因を導入し、それを継続・保持し、さらなる変化へと接続していくための媒体であった。

自己修正する習慣

ちなみにパースは、このような宇宙の生成変化を論じるにあたって習慣を重視したが、それと同時に、学習された人間の行動様式という、より狭い意味でもこの言葉を用いている。とはいえ、その場合も、パースは習慣を型にはまった行動というような意味では捉えていない。[11]

パースはここで面白い言葉を使っている。すなわち、彼によれば、習慣とは〈would be〉と深く結びついているという。すなわち、「もし〜なら、このような仕方で行動する準備が

9――ルイ・メナンド（野口良平他訳）『メタフィジカル・クラブ――米国100年の精神史』、みすず書房、二〇一一年、一九五頁。
10――伊藤『パースの宇宙論』、一三三頁。
11――以下の叙述は、米盛裕二『パースの記号学』、勁草書房、一九八一年に基づく。

できている」ということこそが、習慣なのである。

ここで重要なのは、習慣が過去からのしがらみよりはむしろ、未来における行動との関連で意味をもっていることである。言い方を変えれば、ここでいう習慣とは、いつの間にか身について、変えることのできなくなった習癖ではない。むしろ、未来においてある状況に遭遇した場合に、あらためて考えるまでもなく「このように行動するであろう」と言い切れることが重要なのである。

例えば熟練した船長であれば、海上でいかなる暴風に出遭っても、慌てることなく適切な指示を出すことができるだろう。このような意味で、未来においていかなる状況が現れるにせよ、その人の行動がある程度予測可能であるとき、それは習慣によるものなのである。

さらにパースは、「習慣変更（habit-change）」というアイディアも示している。「習慣変更とは以前の経験からあるいは以前に人が実際にかれの行為や意志を行使したことから結果し、またはこれらの両種のものの複合から生ずるところの、行動に対する人間の傾向を修正することを意味する[12]」。

このように、パースにとっての習慣はいったん定着すれば、以後絶対に変わらないものではなかった。むしろ、習慣の実践の結果生じた結果を踏まえて、人は習慣をたえず修正していく。その意味で習慣には、自己修正的・自己批判的な要素が含まれている。パースは習慣における科学的・合理的側面を強調したといえるだろう。

その場合も、個別的な結果で習慣が変わることはない。むしろ「もし〜なら、このような仕方で行動する」という一般的命題が重要なのであり、それはあたかも、科学者が自らの仮説を絶えざる実験によって検証しながら修正していくのに似ている。このように、習慣における自己修正の契機を強調している点に、プラグマティズム（あるいはプラグマティシズム）らしい特性を見出すことができるだろう。

このように習慣とは、人間による学習された行動様式であるが、それは不断に検証され、修正されていくものである。言い換えれば、そのような状況が生じた場合にただちに行動する準備ができているという意味で、定着し性向になった行動様式である一方、つねに変化に対して開かれているのが習慣である。いわば習慣とは、定着・安定と修正・変化の両側面を伴った媒体なのである。

知は社会的である

パースが問題にしたのは結局のところ、偶然性にみちみちたこの世界で、私たちは何を知

12——*Collected Papers of Charles Sanders Peirce*, ed. by Charles Hartshorne, Paul Weiss and Arthur Burks, Harvard University Press, 1934, Volume 5, p. 476.

ることができるのかという問いであった。人間の知覚は不可避的に誤りをおかす。一人ひとりは違ったかたちで物事を知覚するのであり、しかも知覚される事象の方もつねに変化している。

この世界において、同じことが正確に繰り返されることはけっしてない。そうだとすれば、私たちの信念もまた一つの賭けに過ぎない。私たちの信念とは、物事がこのように振る舞うであろうという予測に過ぎない。それは絶えず、経験によって検証されていく。

パースが着目したのは、人間の知識がつねに社会的であるという点である。個々人の信念は不完全である。一人ひとりの心はけっして真の実在を映し出す鏡ではない。鏡であるとしても、そこに映し出されるのは、まったく別の事物の姿である。

そうだとすれば、知識とはそもそも一個人の推論に根拠をもつものではない。むしろ、つねに知識は社会的なものでしかありえない。人々の推論がぶつかり、修正し合うなかで、知識は生まれてくる。その意味で、「論理は、社会的な信念のなかにこそ、その基礎を有している」[13]と、パースは論じた。習慣は社会的な信念として人々に共有され、受け継がれていくものであった。

このように、知識とはつねに社会的なものであり、習慣とは社会的信念が結晶化したものであるというパースの考え方こそが、根底において、プラグマティズムの習慣論を支えたのである。

2　習慣と変革

ジェイムズとサンフランシスコ地震

東日本大震災後の日本において、レベッカ・ソルニットによる『災害ユートピア』[14]が話題になったことについては、すでに触れた。そして、この本ではウィリアム・ジェイムズがきわめて重要な役割をはたしていることについても、述べた通りである。

実際、ジェイムズは一九〇六年のサンフランシスコ地震の調査を行い、ソルニットと同じく、被災地における人々の冷静さや相互扶助を報告している。とはいえ、ソルニットが共感をもってジェイムズに言及するのは、それだけが理由ではない。

13——*Writings of Charles S. Peirce, A Chronological Edition*, ed. by Christian J. W. Kloesel et al., Indiana University Press, 1986, Volume 3, p. 284.

14——レベッカ・ソルニット（高月園子訳）『災害ユートピア　なぜそのとき特別な共同体が立ち上がるのか』、亜紀書房、二〇一〇年。

ソルニットが強調するのは、「信じること」の意味である。ある信念が他の信念と比べてより真であるとすれば、それは何によって明らかになるのか。信念をもって行動した結果、「どのような違いが生じたか」によってである。このことをソルニットは、ジェイムズから学んだという。[15]

災害に関していうならば、パニックに陥るのはむしろエリートの方である。「必ず民衆が暴動を起こすだろう」という思い込みこそが、むしろ現実の不安や恐怖を生み出したとソルニットは告発する。ホッブズの自然状態論に由来するこのような思い込みから自由な人々は、相互扶助を通じてむしろ自らの存在意義を確認した。まさに、「ある意見をもつ者たちが多くの死を引き起こし、他の意見の者たちは多くの命を救った」[16]のである。

プラグマティストにとって、ある信念がそれ自体として真であるかどうかは、それほど重要ではない。むしろ、その信念が人々のいかなる行動を生み出し、いかなる結果をもたらしたかが肝心である。逆にいえば、結果が違わないならば、二つの信念のどちらが真であるかを論じてみても意味はない。災害においては、まさに何を信じるかが、「違いを生み出した」のである。

ちなみにサンフランシスコ地震の当時、ジェイムズはスタンフォード大学に滞在中であった。地震の報を受けたジェイムズはただちに、北五〇キロほどにあるサンフランシスコに向かう唯一の汽車に乗り込んだ。そしてカリフォルニアでの残りの滞在期間を現地での聞き取り調査にあてている。

ジェイムズがこの年の暮れと翌年の新年に行った講演を元に刊行されたのが『プラグマティズム』であることを考えると、[17] たしかに彼のプラグマティズムと災害の間には、密接なつながりがあったのかもしれない。

ジェイムズの生涯

とはいえ、信念の内容は、その結果によってのみはかられるというのは、あまりにナイーブな発想として受け止められるかもしれない。そこでジェイムズがなぜ、このような考え方に至ったのか、もう少し彼の生涯を追いかけてみたい。

ウィリアム・ジェイムズは、ニューヨークの豊かなアイルランド系一家の長男として生まれた。弟には、『ねじの回転』で知られる著名な小説家ヘンリー・ジェイムズがいる。[18] 彼ら

15――W・ジェイムズ（桝田啓三郎訳）『プラグマティズム』、岩波文庫、一九五七年、第二講。
16――ソルニット『災害ユートピア』、三二五頁。
17――ジェイムズ『プラグマティズム』の序を参照。
18――ちなみにこの兄弟の愛読者であった夏目漱石は、『思い出す事など』で、「ヘンリーは哲学のような小説を書き、ウィリアムは小説のような哲学を書く」という言葉を紹介し、賛同している。

の父ヘンリーは、前半生は酒に身を持ち崩した放蕩児であり、後半生は宗教や精神性に目覚め、スウェーデンボルグの神秘主義に入れこんだり、エマソンに熱心に接近したりするなどした人物であった。

長男ウィリアムの最善の教育を目指した父親は、一家を引き連れヨーロッパ各地を転々とした。短期間での転校を繰り返したウィリアムは、やがて芸術と科学への志向の分裂、南北戦争の兵役を逃れたことの罪悪感もあって、抑うつ症状を示すようになる。彼の生涯は、自らのそのような傾向との闘いの連続であった。

とはいえ、父親による特別な教育が、ジェイムズにとって無意味だったわけではない。結果として得られたコスモポリタンな経験と、専門領域を越えた幅広い視野は、彼にとって間違いなく財産となった。医学を学んだ後に、当時はまだ新しい学問分野であった心理学で国際的な名声を博したジェイムズは、さらに哲学へと自らの知の活動領域を拡大していく。その一方、『宗教的経験の諸相』を執筆したように、個人の神秘体験を含む精神世界への深い関心を、彼は生涯失うことがなかった。

そのようなジェイムズにとって、人が何を信じるか、信じるとはどういうことか、という問いはつねに重大な意味をもった。人生の選択に苦悩し続けたジェイムズにとって、人々が哲学的な選択肢のなかから善き選択をすることを可能にする学問こそが、プラグマティズムにほかならなかった。

人はすべての証拠が出そろう前に、選択をしなければならない。自分の選択に絶対の根拠があることを確かめようとすれば、永遠に選択ができないからである。それでは、リスクをとって決断を行う個人にとって何が必要か。

この問題を考え続けたジェイムズにとって、大きな励ましとなったのが、フランスの哲学者シャルル・ルヌヴィエであった。ルヌヴィエは一九世紀後半のフランスを代表する哲学者であり、自由主義思想家であるが、とくに彼の自由意志の理論がジェイムズにとって重要な意味をもったという。[19]

ルヌヴィエによれば、人間のすべての信念は決定されているという決定論は正しくない。すべての信念が決定されているというのも一つの信念だが、その信念自体が決定されているとすれば、人はそれを確かめることができない。現に、決定論を信じる人もいれば、信じない人もいる。

そうだとすれば、人間は自由意志をもっていると信じてみてはどうだろうか。人間の自由意志の働きは、自分が自由意志をもっていると信じることから始まる。もちろん、そのよう

19――メナンド『メタフィジカル・クラブ』、二一九頁。

な信念が正しいかはわからない。

とはいえ、人が自由意志をもっていると信じ、そして行動を起こし、それによって事物のあり方を変えたなら、そのような信念は結果として正しかったことになる。少なくとも、プラグマティズム的にいえば、そのような信念は真であるといってもいい。ルヌヴィエに導かれながらジェイムズはそのように結論づけた。

ジェイムズは、アナーキズムを含め、ユートピア思想の意義を評価した。その場合、ユートピアの完全な実現は不可能かもしれない。また、ユートピアの信念が究極的に正しいとは限らない。とはいえ、世界を構成しているのは人々の多様な考えである以上、ユートピアを実現しようとする努力は、やはり世界を変えていくはずである。ジェイムズは「信じようとする意志」、そして「信じようとする権利」を肯定し続けた。

ジェイムズの習慣論

興味深いのは、このように「信じること」の意義を疑わなかったジェイムズが、そのような信念が現実化するにあたって重要な役割をはたすものとして、習慣に注目していることである。

心理学者であるジェイムズは、習慣を私たちの刺激に対する反応という視点から捉えた。

人間の神経経路は、ひとたび確立されれば、ある程度同じようなパータンで反応するようになる。結果として、人の反応はある程度、予測可能で反復可能になる。

例えば運動である。歩くことから始まって、水泳にしても、自転車にしても、最初はあらゆる動作がぎこちない。人は実際に自分の体を動かすことで、一つひとつの運動の過程を学び、最終的にはほとんど無意識で行えるようになる。いったんその習慣が身につけば、最初にそれを行おうとする意志をもつだけで、あとはスイッチが入ったように自動的に体が動くようになる。

このような習慣をもつことで、人のあらゆる動きはより正確に、より単純になるが、疲労はむしろ少なくなる。熟練したピアニストは、ひとたび演奏を始めれば、あとは指の方が自ずと動き出し、次の瞬間に自分が何をなすべきかを、指が指示してくれるようになる。

いったん確立した習慣は、もはや人の作為とすらいえないかもしれない。それはいわばその人にとっての自然であり、天性となる。「習慣は第二の天性であり、習慣の方が十倍も天性である」というイギリスの軍人ウェリントンの言葉を、ジェイムズは引用している。[20] 日々の教練と多年の訓練は、ついにはその人の行為のほとんどを改造してしまうということを、

20――W・ジェームズ（今田寛訳）『心理学』（上）、一九九頁。ただし、一部訳をあらためてある。

この老軍人はよく理解していたのである。

世の中には、つらく厳しい仕事がある。漁師は冷たい海で働き、鉱夫は暗闇のなかに入っていかねばならない。なぜそれが可能かといえば、それがその人の習慣になっているからである。仮にその仕事が自分に合わないと思っても、新しいことをゼロから始めるよりはましだと思うからこそ、人はそこにとどまる。その意味で、社会に安定性をもたらし、社会の再生産を可能にするのは習慣である。習慣とはいわば、社会の「偉大なはずみ車」であるとジェイムズはいう。[21]

しかしながら、習慣はまったく変化しないわけではない。人間の本性は、あらゆる物質と同じく可塑的である。習慣はさまざまな状況にもかかわらず持続するからこそ習慣であるが、同時に変化する状況にあわせて絶えず変化してもいる。長い目でみれば、習慣はつねに変化し、けっして同じ状態にはとどまらない。

人があることを信じて行為し、その結果が望ましいものであったとする。それが繰り返されれば、成功した信念はその人の習慣となる。ある意味で、信念は経験によって検証され、最終的には習慣というかたちで定着するのである。

人間の行為のほとんどは、実は習慣によって成り立っている。人は日常生活において、そのような自覚なしに多くのことを行う。それがあまりに自然なものとなっているために、後になってなぜそのような行為をなしたのかを聞かれても、答えられないほどである。
逆にいえば、人間の意志が問題になるのは、自らの習慣を自覚的に捉え、これを何らかの仕方で変更しようとするときのみである。ジェイムズによれば、これはけっして容易ではないが、不可能ではない。自らの神経系統を敵に回さず、とはいえ一つの習慣が完全に身につくまでは一切の例外を許さないことで、人間は新たな習慣を獲得することができる。毎朝同じ時間に起床することで、無理なく自然に目がさめるようになるのがその一例である。ジェイムズにいわせれば、人生の成功はいかに有益な習慣を身につけるかにかかっている。その意味で、ジェイムズの道徳・教育理論の中核を占めるのは習慣であった。

デューイの習慣論

このようなジェイムズの習慣論を継承し、さらに発展させたのがジョン・デューイである。ジェイムズにとってと同様、デューイにとってもプラグマティズムは、人々が自分自身の運命の主人公であるということを強調するためにある。決定論や運命論こそが、彼らの闘うべき哲学的ライバルであった。

21――ジェームズ『心理学』、二〇〇頁。

とはいえ、デューイの習慣論の場合、強調点は、習慣がけっして個人的なものにはとどまらず、むしろ社会的な射程をもつということにある。習慣にせよ、行為にせよ、それはけっして個人の内で完結しない。むしろ他者との相互作用やコミュニケーションを通じて、生産され、再生産される。[22] 習慣は人間の社会的自然を構成するのである。

デューイによれば、習慣とは単なる機械的な反復ではない。習慣とはむしろ、人間がその生のさまざまな瞬間に遭遇する状況に対応するための「道具」である。「われわれは、習慣を箱のなかの玩具のように、だれかによって用いられるのを待っている手段のようなものだと考えてよい[23]」。しかし、習慣はそれ以上のものでもある。

人は多様な習慣を身につける。ある意味で、その人の人となりは、その人の意志的な選択よりは、無意識的な習慣によって示される。さらにいえば、習慣が、その人の欲望を事実上形成し、人々の活動を生み出す以上、習慣こそがその人の自我であり、意志でもあるといえる。習慣は「能動的手段、自らを投影する手段であり、行動の精力的で支配的な方法である[24]」とデューイは説く。

一人ひとりの個人からみれば、自分の習慣によって社会が変わるとは思えないかもしれない。とはいえ、習慣とは本来個人レベルで形成されたり、実行されたりするものではない。習慣はつねに社会的なコミュニケーションと不可分であり、それゆえに、習慣の変革は多くの個人の行動を変化させ、結果として社会を変革する梃子となる。

このようなデューイの考えは、知識とは社会的であると考えたパースや、人々の信念が社会を構成し、かつ社会を変えていくとしたジェイムズとともに、プラグマティズムにおける「社会的なもの」の思考法を形成している。

この場合、たしかに、プラグマティストたちは、その先駆者であるエマソンから、個人の「自己信頼」という理念を継承し、個人こそがその運命の主人公であると考えた。その意味で、プラグマティストはあくまで個人主義者であった。

が、同時にプラグマティストは、個人を自己完結した存在とは捉えなかった。個人と個人は、知識を介して、さまざまな信念を介して、そして習慣を介してつながっていく。プラグマティズムの特徴は、個人と個人のつながりを実体化することなく、つねに具体的な情報や行為を通じて捉えた点にある。その意味で、社会を構成するのは、個別の個人ではなく、情報や行為によって媒介された人と人との諸関係であった。

しかもその諸関係は、けっして静態的なものではなかった。むしろ習慣を介して、そのよ

22――ジョン・デューイ（河村望訳）『人間性と行為』、人間の科学社、一九九五年、三〇頁。
23――デューイ『人間性と行為』、三七頁。
24――デューイ『人間性と行為』、三七頁。

うな諸関係はつねに変化していく。このようなプラグマティズムの考え方は、さまざまな形で現代の社会理論や情報理論へと継承されていった。

習慣と変革

このようなプラグマティズムの習慣論は、私たちにとって、やや意外なものであろう。というのも、通常、習慣は変革よりはむしろ、持続性や保守性と結びつけられて理解されるからである。ひとたび身についた習慣は、なかなか変えることができない。その意味で、社会変革の梃子としての習慣というのは、いささか奇妙な議論にみえなくもない。

しかしながら、かつてアメリカ社会を観察したトクヴィルは、「習俗に支えられない自由な社会はかつてな」かったと説いている。[25] 自由と習慣・習俗を結びつける発想は、けっして突飛ではない。

自由な社会を実現することは難しいが、そのような社会を持続させるのは、さらに難しい。地方自治や陪審、あるいは多様な結社活動を通じて、人々が日常生活で実践する営為によって、はじめて自由は社会に根を下ろす。トクヴィルは習俗を「心の習慣」とも呼び、自由の実践、自由の制度と並び、あるいはそれ以上に自由な習俗を重視している。

教育学者としてスタートしたデューイは、各人が自らの運命の主人公となるための仕組みを模索し、一人ひとりが自らの生を通じて多様な構想を実験することを可能にする社会を目指した。そのようなデューイにとって、「実験としての民主主義」の鍵となるのが習慣であった。

もちろん、いったん確立した習慣を変えるのは容易ではない。とはいえ、人間は自らの環境を変えることができるし、環境を変えることで、自らの習慣を変化させ、成長させることができる。デューイにとって大切だったのは、習慣が成長・発展していくことであった。

このようにデューイによって最終的に結実したプラグマティズムの習慣論を捉えるためには、アメリカという社会の特性を考える必要があるかもしれない。

アメリカ社会は多様な文化的背景をもつ人々から成り、習慣もまた多様である。そして、人々は自らのものとは異なる習慣をもつ人々の姿を日々直接目にして、さらに自分の習慣を変容させていく。その意味で、アメリカ社会全体が、多様な習慣の実験場であり、かつ習慣の担い手は個人化されている。

伝統社会において、ある習慣は地域や集団によって共有された慣習として存在する。その意味で習慣はまさに集団的な画一性や持続性の象徴であった。それに対しアメリカにおいて

25――トクヴィル（松本礼二訳）『アメリカのデモクラシー』第二巻（下）、岩波文庫、七〇頁。

は、習慣は早くから個人化し、個人によって実験され、その結果がただちに社会に伝播する、いわば一つの社会的なメディアとなっていた。

社会変革としての習慣論というプラグマティズムのアイディアもまた、アメリカという土地であるからこそ生まれ、発展したものであったといえるだろう。

3　民主主義の習慣

プラグマティズムと民主主義

第2章で確認した、近代政治学の前提を思い起こしてみよう。そこで浮かび上がったのは、自らの内に閉じこもり、他者に依存することを恐れ、きわめて狭い回路を通じてのみ人と関わろうとする個人の姿であった。ある意味で、このような近代政治学の前提が、自己実現的に成就したのが現代社会であるともいえる。

そして、人と人とのつながりの貧しさが隘路へと行き着くことで、ますます抽象的な「一般意志」への希求が強くなっていることも、すでに指摘した通りである。とはいえ、孤立した個人を前提としつつ、真に一体化した共同体が単一の共通意志をもつというフィクションにも限界があるのは、繰り返し強調するまでもない。

本書では、民主主義の新たなオルタナティブを模索して、プラグマティズムの習慣論に着目してきた。そこでは習慣の個人化を前提に、むしろ習慣を通じて人と人とがつながっていく可能性が示された。その場合、人と人とは何らかの共通の属性をもつわけではない。例えば、前もって共通の価値観をもつことは必ずしも不可欠ではない。

にもかかわらず、一人ひとりの個人の信念は、やがて習慣というかたちで定着する。そのような習慣は、社会的なコミュニケーションを介して、他の人々へと伝播する。人は他者の習慣を、意識的・無意識的に模倣することで、結果として、その信念を共有するのである。しかし、それはあくまで結果論であり、あらかじめ何らかの価値観の共有が前提されているわけではない。

社会全体としてみれば、習慣とは人と人とをつなぐメディアであり、多様な場所で行われた実験の結果を集積することで、変革への梃子となっていく社会的装置である。人々の信念がそれと自覚されることなく結びつき、結果として社会を変えていく。これはほとんど民主主義であるといってもいい。

たしかにそれは、議会制民主主義とは異質である。しかし、プラグマティズムの示す民主主義の姿は、単にばらばらな個人の意志や欲求を集計するという民主主義観とも、個人の競争を市場メカニズムによって調整するという民主主義観とも、異質であることはいうまでもない。

プラグマティストにとって、社会のユニットになるのは必ずしも一人ひとりの個人ではない。重要なのは、個人と個人との関係であり、習慣や行為を介して結びついた人と人との動態的なつながりである。このようなつながりが民主主義を構成するという信念こそが、プラグマティズムの民主主義観へと結実したのである。

ハイエクの習慣論

このようなプラグマティズムの民主主義観の影響力は意外に大きい。以下では、きわめて限られた事例ではあるが、その現代的影響をみていきたい。

最初はフリードリヒ・ハイエクである。第1章で、アメリカの民主主義の原風景を考えるにあたって、ハイエクのイソノミア論に言及した。ハイエクに対するプラグマティズムの直接的影響を論証するのは難しいが、その習慣論をみてみると、両者がまったく無関係であるとも考えにくいことがわかる。

ハイエクといえば、計画経済を批判し、市場経済を擁護した経済学者というイメージが強い。とくに一九七〇年代に劇的な復活を遂げて以来、ハイエクといえばただちに新自由主義と結びつけて捉えられるようになっている。

とはいえ、ハイエクの多様な知的活動を、新自由主義のイメージでのみ理解するのは正しくないだろう。彼は同時に、情報社会論の先駆者の一人でもあった。すなわち、ハイエクは、人間の知識がつねに分散し、ローカルな形でしか成立しないことを強調した理論家であった。

ハイエクによれば、人間の知識はつねに限定されている。誰も社会全体の知を一望の下に把握することはできず、有効な知識は社会的に分散している。それぞれの個人について一番よく知っているのはその個人であるように、知識というものはそもそもローカル（局地的）なのである。

ハイエクはさらに知識を、いわゆる自覚的な知識だけに限定しない。人が多様な環境に適応しようとする試みはすべて知識であり、そこには各個人の経験が反映されている。「われわれの習慣と技能、感情的態度、道具、そして制度はいずれもみな過去の経験への適応であり、それは適合性の劣る行為を選択的に排除することによって成長してきた」[26]。

しかし、それだけなら知識は個人的なものにとどまる。とはいえ、ハイエクは知識が社会

26――F・A・ハイエク（気賀健三・古賀勝次郎訳）『自由の条件』［Ⅰ］、春秋社、二〇〇七年、四二頁。

的に伝達され、交流していくことを重視する。その梃子になるのが習慣にほかならない。人は通常、ある習慣に従っている際に、なぜその習慣が生まれたのか、また誰がその習慣をつくり出したかを知らない。しかしながら、現実には習慣とは多くの人々の経験を通じて累積的に形成されたものである。ある意味で、人はそれと知らず、社会的に受け継がれた知識（＝社会に適応する道具）の恩恵を受けているのである。

社会全体としてみれば、習慣はつねに変化している。社会のさまざまな変化は、その影響を受けた諸個人の行動の変化をもたらし、そのような変化は新たな習慣の形成によって調整され、社会全体に拡がっていく。

ハイエクはいう。「無名の人たちが変化した事情のもとでありふれたことを繰り返していくうちに、無数の些細な行動を重ねることから広くいきわたる型が発生する。これらの型はそれ自体として明白に認識されかつ伝達される主要な知的革新と同様に重要である[27]」。

このようにハイエクは、習慣の集積として社会をみている。ローカルな知識が習慣によって調整され、社会における問題解決につながっていくという理解は、ほとんど彼の「市場」イメージに近い。これをもってハイエクが「市場」イメージを習慣論に投影しているとすることもできるが、むしろ彼の「市場」のイメージが、そもそもプラグマティズムにおける習慣論に近いものであったともいえるだろう。

ネグリ／ハートの習慣論

もう一人（一組）、ハイエクとはおよそ対極的な政治的立場の理論家の習慣論をみておこう。『帝国』（二〇〇〇年）で知られるアントニオ・ネグリとマイケル・ハートである。

イタリアの労働運動指導者から出発し、独自のスピノザ理解によってマルクス主義を革新したネグリと、現代フランスの思想家ジル・ドゥルーズの研究者ハートは、共著『〈帝国〉』で世界的な注目を集め、その後も『マルチチュード』（二〇〇四年）、『コモンウェルス』（二〇〇九年）などの研究を次々と発表している。

マルクス主義といい、ポストモダニズムといい、およそ習慣論とは縁がなさそうである。ところが意外なことに、ネグリ／ハートは、プラグマティズムを通じて習慣論を自らの理論的射程に入れようとしている。

『マルチチュード』をみてみよう。この本における最大のキーワードは〈共〉（コモン）である。それでは〈共〉とは何か。私たちはしばしば公的所有か私的所有かを、二者択一的に考える。が、ネグリ／ハートによれば、このような捉え方は、社会主義か資本主義かの二者

27——ハイエク『自由の条件』［I］、四五頁。

択一と同様に有害である。

この世には資本家が所有するものと、国家が管理するものしかないのか。そんなはずはない。現に、人々は多くのものを共にしている。大地や海洋、空気や生命は〈共〉である。知識やイメージ、人々の生き方も〈共〉である。

ネグリらがとくに重視するのが、後者の〈共〉である。現代の労働では、この意味での〈共〉の重要性が高まる一方である。情報化やコミュニケーションの発達とともに、私たちはより多くの知識やイメージを共にし、そのことによってさらに情報を豊かにしている。

このような意味での〈共〉の搾取や独占を許してはいけない。コモンウェルス（共通の財産、そして共和国）を人々の手に取り戻すことを通じて、脱中心的で、脱領土的な支配の装置である〈帝国〉を変革していくことを二人の思想家は説く。

このような意味での〈共〉を発展させる際に鍵になるのが、習慣である。「近代哲学において、〈共〉の生産と生産性を理解するためのひとつのよりどころとなるのはアメリカのプラグマティズムと、そこで用いられる習慣という概念である」[28]（強調は原文）とネグリ／ハートはいう。

近代の哲学は人間の主体性を、ややもすれば超越的に捉えたり、内面にのみ見出した。これに対しプラグマティズムの習慣論は、人間の主体性が日常の経験にあることを強調した。

ネグリ／ハートは、習慣が他者との相互作用やコミュニケーションによって再生産されることと、習慣こそが私たちの社会的自然であり、創造と革新の場であるというプラグマティズムの見解を紹介した上で、「習慣とは実践状態にある〈共〉[29]」であるとする。

さらにネグリ／ハートはデューイにも言及する。デューイにとって、「政治はコミュニケーションと共同作業によって、習慣と社会的行為というプラグマティズムの概念が約束する民主主義的なものを成就できる領域にほかならなかった[30]」。このようなデューイの考えを、問題を狭く政治的領域に限定し過ぎであると留保しつつも、ネグリ／ハートは、民主主義にとっての習慣の意義を肯定的に論じている。

社会運動と習慣

民主主義と習慣論の結びつきを、具体的な社会運動において見出す論者もいる。すでに言及した『ニューヨーク・タイムズ』記者のチャールズ・デュヒッグは、公民権運動を開始し

28――アントニオ・ネグリ／マイケル・ハート（幾島幸子訳）『マルチチュード 〈帝国〉時代の戦争と民主主義』（下）、NHKブックス、二〇〇五年、二六頁。
29――ネグリ／ハート『マルチチュード』（下）、二六頁。
30――ネグリ／ハート『マルチチュード』（下）、二九頁。

たのも、習慣の力であったと論じる。[31]

発端は、一九五五年暮れのアラバマ州モンゴメリーでの出来事であった。バスに乗った黒人女性ローザ・パークスは、席を立つことを命じられた。当時はまだ露骨な黒人の差別があった時代である。座席は白人に優先されるという法律に基づいて運転手は命令し、パークスはこれを拒絶した。結果として彼女は、逮捕されることになった。

当時、黒人隔離法によって逮捕されたのは、パークスだけではないだろう。にもかかわらず、この事件は結果として、全米を、そして世界を揺るがす巨大な社会運動へとつながった。それはなぜだったのか。

一つにはパークスが、コミュニティに根ざし、人々から敬愛される存在であったということがある。彼女はクラブ、教会、コミュニティセンター、近隣組織など、数十にも及ぶ社会的組織のメンバーであった。その友人は、地域や社会階層を越える広がりをもっており、それゆえに逮捕の報はたちまちモンゴメリー全体に広まった。ここから最初の抗議運動に火がついたのである。

デュヒッグは、社会運動の始まりにおいては、信頼する友人を救いたいという社会習慣——すなわち友情——と、その背後にある親しい知り合いとの「強い結びつき」が重要であるという。とはいえ、もしそれだけなら、運動はパークスの周辺の友人に限定されたはずである。

　しかしながら、パークス逮捕の知らせが広まるとともに、黒人コミュニティの間には、「自分も抗議運動に加わらないといけない」という社会的義務感のようなものが発生した。この義務感を、デュヒッグは社会学者マーク・グラノヴェッターの「弱いつながり」を援用して説明する。

　グラノヴェッターは、人が仕事を得るにあたって、「弱いつながり」の重要性を指摘した。たまにしか会わなかったり、友人の友人といった程度の関係の「弱いつながり」からこそ有益な情報がもたらされることが、その理由である。強いつながりからは身近な人の意見やニュースしか得られない。これに対し、「弱いつながり」は社会システムの遠いところにある情報をもたらすのである。

　デュヒッグもまた、社会運動は強いつながりから発生するが、弱いつながりなしには、その集団の範囲を越えることはないという。運動がコミュニティの習慣になり、隣人や仲間たちをまとめる弱いつながりを巻き込むことではじめて、パークスを知らない人々の参加を促したのである。

31――デュヒッグ『習慣の力』、第8章。

第三段階は、リーダーの出現である。この場合、マーティン・ルーサー・キングの登場が決定的に重要であった。ボイコット運動に疲れが見え始めた頃、キングは運動の主体となる人々に、新たな方向性とアイデンティティを示した。「これは戦争ではない、愛なのだ」、「憎しみに愛をもって対抗しなければならない」と説いたキングの影響の下、人々は毎週、大規模な集会を開いて辛抱強く運動を続ける習慣を身につけた。いわば、「新しい行動を教えることで、参加者を追随者ではなく、自発的に動くリーダーに変え」たのである。[32]

デュヒッグはいう。「社会の習慣とは、何百、何千もの人間が「特に考えずに」行っていることであり、習慣が生じたことにさえ気づきにくい。だが、そこには世界を変えるほどのパワーがある。互いに知らない人々が抗議のために通りを埋め尽くし、たとえ集まる理由は違っても同じ方向へ人々が行進するのも、社会習慣のなせるわざだ[33]」。

習慣のソーシャル化

さらに、習慣論の現代的展開をみておきたい。注目すべきは「ソーシャル転回」である。今日、「ソーシャル・メディア」に代表されるように、「ソーシャル」という言葉に新たな注目が集まっているが、この場合の「ソーシャル」とは何を意味するのだろうか。

ポイントになるのは、パーソナル・コンピュータからウェブへと、デジタル化の舞台が移動したことである。二〇〇五年前後に、Facebook、YouTube、Twitterといったサービスが次々とウェブ上に提供され、それらは「ソーシャル・ウェブ」と呼ばれることになった。

これら「ソーシャル・ウェブ」の発展は、スマートフォンやタブレット型コンピュータの普及とあいまって、ウェブを誰にでも利用できるものとした。印象的なのは、この文脈でしばしば「デモクラタイズ」という言葉が使われることである。[34]テクノロジーの発展は、ウェブへのアクセスを飛躍的に拡大することで、文字通り人々を「平等」にしたのである。結果として、一人ひとりの個人が「ソーシャル・ウェブ」への双方向的な回路を手にしたのである。

しかしながら、単にテクノロジーが「デモクラタイズ」されただけなら、「ソーシャル転回」とまではいわれなかったであろう。ここで重要なのは、ウェブの発展により、いったんは原子化した個人を、再度組み立てていく方向性が示されたことである。「ソーシャル・ウェブ」は一方で個人の内奥にまで関わると同時に、それを社会的なネットワークへと接続す

32――デュヒッグ『習慣の力』、三三九頁。
33――デュヒッグ『習慣の力』、二九六頁。
34――池田純一『デザインするテクノロジー――情報加速社会が挑発する創造性』、青土社、二〇一二年、一六三頁。

ることを可能にするテクノロジーであった。
したがって、この場合の「ソーシャル」とは、漠然と「社会」を意味するものではない。ましてや「共同体」とは完全に異質な社会的関係性を示している。前提にあるのは個人化のベクトルであり、いったん完全に原子化した個人を組み合わせ、モジュール化することが目指される。

「モジュール」とは工学における設計上の概念である。いくつかの部品をあつめ、まとまりのある機能をもたせることを意味する。このことに示されるように、「ソーシャル転回」でいう「ソーシャル」なものとは工学的発想との親和性が高く、構成員の入れ替え可能性や、テクノロジーとしての移植可能性が含意されるのである。

すなわち「ソーシャル転回」に示される現代的な民主主義は、共同体の希薄化を前提にしている。言い換えれば、固定的な人間関係を前提としていない。構成員はつねに入れ替え可能であり、出入り自由なのである。

しかも、それを可能にするのは「ソーシャル・ウェブ」などのテクノロジーであって、その技法は誰にとっても利用可能である。「コミュニティデザイン」や「アーキテクチャー」といった、工学的なニュアンスのある言葉が、むしろ人と人とを結びつける際に強調されているのが象徴的である。

重要なのは、このような「ソーシャル」の発想がきわめてアメリカ的であるということである。「Facebookのようなソーシャル・ネットワークの背後にあるものは、特殊アメリカ的、ないしは英語圏＝アングロサクソン的な理想的共同体のイメージであり、それゆえ、世界各地で受容の程度に差が生まれる」[35][36]。

人間の入れ替え可能性をつねに前提にしながら、コミュニティを形成する手法を広く共有していくこと。これはほとんどアメリカの文化的伝統といってもいい。そしてこのような伝統をもっともよく表現するのが、プラグマティズムの発想である。そのため、現代の「ソーシャル転回」の背景にプラグマティズムの影響が論じられることがあるのは[37]、けっして偶然ではない。

知識、信念、そして習慣は社会的なものである。プラグマティストたちはそのことを繰り返し説いたが、このような意味での「社会的なもの」こそが、現代における「ソーシャル転

35——池田『デザインするテクノロジー』、一四七頁。
36——逆にいえば、異なる文化的土壌においては、「ソーシャル・ウェブ」も異なる機能をはたすのかもしれない。日本における「ソーシャル」な世界が、しばしば共同体的閉鎖性を示すことについては、すでに多くの指摘がある。
37——池田純一『ウェブ×ソーシャル×アメリカ——〈全球〉時代の構想力』、講談社現代新書、二〇一一年、第6章。

回」にいう「ソーシャル」にもっとも近いのではないか。その意味では、現代において「ソーシャル」なものを強調する人は、気づかぬうちに、プラグマティズムの水脈を受け継いでいるのかもしれない。

おそらく、現代の「ソーシャル・メディア」は、人々にとっての新たな習慣なのであろう。人々はソーシャル・ウェブを利用することで、情報や知識を社会的なものとして共有するとともに、新たなネットワークの形成や社会運動の原動力としてこれを活用するようになっている。人々はウェブという習慣によって、無意識に結びつき、影響を受け、与えるようになっているのである。

もちろん、このようなテクノロジーによって生み出される人と人との関係性が、どのようなものになっていくかはまだ見通せない。行き着く先はユートピアかもしれないし、ディストピアかもしれない。とはいえ、「ソーシャル転回」はもはや、私たちの生活の新たな習慣として完全に定着している。「ソーシャル・メディア」を通じて発展した現代の「民主主義の習慣」の行方が、ますます注目される。第4章では、現代日本における新たな「民主主義の習慣」の誕生をみていきたい。

第4章

民主主義の種子

1　「社会を変える」仕事とは？

二〇〇〇年代の社会変革志向？

最近になって、「社会を変える」という言葉をよく耳にするようになった。二〇一二年に、小熊英二『社会を変えるには』が話題になったのは記憶に新しい。[1] これからとりあげる駒崎弘樹『「社会を変える」を仕事にする』の原著が刊行されたのも、それに先立つ二〇〇七年である。[2] 学生運動がさかんであった時代ならいざ知らず、なぜ現代の日本で「社会を変える」が話題になっているのだろうか。

反原発デモに象徴されるように、直接民主主義的な異議申し立て行動が活発化していることが一因となっているのは間違いない。さらにその背景に、一九九〇年代以来の政治改革に対する失望、さらに選挙を中心とする代議制民主主義に対する不信を指摘することも不可能ではない。

かつて一九世紀に社会主義が誕生した際にも、やはり法や政治制度を通じての社会変革に対する失望が存在した。たしかにフランス革命は王政を倒し、近代的な所有権を制度化した。にもかかわらず、革命が約束した真の平等の実現にはほど遠く、むしろ革命後に進行した産業革命の結果、都市におけるスラムの発生や貧富の差の拡大などの社会問題が深刻化した。

そうだとすれば、問題があるのは個々の法や政治制度ではなく、「社会」そのものではないか。このような思いから、「社会を変える」ことを目指す人々が現れた。後世、「初期社会主義」と呼ばれたのは、そのような人々であった（マルクスやエンゲルスらに「空想的社会主義者」と呼ばれることになったが）。

しかしながら、二〇〇〇年代の日本に現れた社会変革志向は、「社会」そのものの根底的な変革への期待を含みつつも、やはりかつての社会主義的な思考法とは根本的に異質な要素を含んでいるように思われる。

かつての社会主義には、目指すべき社会の像が――それがどれだけユートピア的であれ――明確に存在した。このような社会に変えるのだ、という強い情熱こそが、運動に参加する人々を突き動かした原動力であった。

これに対し、二〇〇〇年代の社会変革志向には、必ずしも目指すべき社会像があるわけで

1――小熊英二『社会を変えるには』、講談社現代新書、二〇一二年。
2――駒崎弘樹『「社会を変える」を仕事にする』、英治出版、二〇〇七年（現在では、ちくま文庫、二〇一一年）。

はない。「社会を変えたい」「社会の役に立ちたい」「社会的に意味のあることをしたい」という思いは共有されていても、具体的にどのような社会のあり方が理想であるかといえば、人によってかなり多様である。

もちろん、「社会的な排除のない社会」「環境的に持続可能な社会」「個人の自由や自発性が最大限尊重される社会」といった理想はあるだろう。とはいえ、一九世紀の社会主義者たちが思い描いた、良きにつけ悪しきにつけかなり具体的な社会像と比べると、どうしても抽象的で漠然としているという印象が否めない。

しかしながら、現代における社会変革志向は、その分、「どのように社会を変えるか」についてはかなり自覚的である。一九世紀の社会主義者たちが、それではどのようにしてその理想社会を実現するのかと問われると、とたんにあいまいになったのと比べると、現代の変革者たちは、きわめて具体的な方法論や戦略をもっている。

このことを、現代のソーシャル・ビジネスを代表する一人の人物に即して検討してみたい。

ソーシャル・ビジネスとは何か

その人物とは、駒崎弘樹氏である。[3] 現在、病児保育の問題に取り組むＮＰＯ法人フローレンスの代表理事をつとめる駒崎氏は、二〇〇七年に『ニューズウィーク』誌日本版で「世界を変える社会起業家100人」の一人に選ばれている。とはいえ、彼は最初からソーシャル・ビジネスの道を目指していたわけではない。

学生時代の駒崎氏は、ITのベンチャー企業を立ち上げているように、関心はむしろビジネスの世界へと向けられていた。ところが彼は、やがて真に自分が目指すべきものについて自問するようになる。彼にとって、金銭そのものが目指すべき目標ではなかった。彼にとって重要だったのは、あくまで「日本社会の役に立つ」ことであった。[4]

そうだとすれば、なすべきことは何か。駒崎氏が出した結論は、自分なりに社会的課題を発見し、その解決を社会運動ではなく、ビジネスの手法を用いて達成することであった。すなわち、彼が目指したのは、収益そのものを目的とせず（その意味で一般のビジネスと異なる）、かといって、収益を上げることも否定しない（その意味で無償のボランティアとも違う）、新たなカテゴリーであった。やがて駒崎氏は、そのような新たなカテゴリーがソーシャル・ビジネスと呼ばれていることを知る。

駒崎氏の念頭にあったのは、アメリカであった。日本においては、社会的課題の解決とい

3――駒崎弘樹氏は一九七九年生まれ。著者は二〇一二年一月、駒崎氏にインタビューを行い、その内容は『朝日新聞』の「政治時評2012」として掲載された（一月二八日付朝刊）。
4――駒崎弘樹『「社会を変える」を仕事にする』、ちくま文庫、二〇一一年、五一頁。

えば、ただちに社会運動やボランティア活動が思い浮かぶ。これに対しアメリカでは、このような領域においても、ビジネスの発想が大きな役割をはたす。

実際、アメリカのNPOは、ビジネス・セクターから人材やノウハウを引き出しており、CEO（最高経営責任者）がいることも珍しくない。マーケティング・ディレクターの下、大規模な予算を獲得し、収益を確保することで経営の自立化をはかっている（収益は、組織の整備や拡充にあてられる）。

このような組織は「社会的企業」と呼ばれ、法人格はNPO法人、株式会社、社会福祉法人等を問わない。イギリスには社会的企業の専門法人であるCIC（Community Interest Company）も存在する（「コミュニティの利益のための会社」）。このような組織を経営する人々が「ソーシャル・アントレプレナー（社会起業家）」である。

それでは、駒崎氏が解決を目指したのは、いかなる社会的課題であったのか。ここで肝心なのは、ソーシャル・ビジネスを立ち上げること自体が目的ではなかったということである。ソーシャル・ビジネスは手段であって、目的ではない。解決されるべき社会的課題があり、それを既存の政府や企業がうまく解決できないからこそ、ソーシャル・ビジネスが登場する余地が生まれるのである。

駒崎氏が眼をつけたのが、病児介護である。きっかけはベビーシッターをしている、彼の母親の一言であった。彼女がベビーシッターをしていた子どもの母親が、あるとき会社を辞めさせられたという。理由は、子どもの病気ゆえに、会社を休みがちになったことであった。保育園は、病気になった子どもの面倒をみてくれない。現行の仕組みの下では、親が子どもを引きとるしか選択肢がなく、とくにシングルマザーの場合、問題は深刻であった。

とはいえ、壁も大きかった。病児保育を行う施設の多くは補助金を受けて組織運営を行っているが、結果として、利用料を含め、自由に決められないことが多い。ある意味で事業者を支援するための制度が、事業者の手足をしばり、赤字にしている側面があることに駒崎氏は気づいた。

また病児保育を行うための施設の確保や、一年のうち時期によって利用者数が異なること（当然、風邪やインフルエンザの流行する冬の利用者が多い）も難題であった。駒崎氏は、医師との連携をはかりつつ、「非施設型」の運営を導入するとともに、定額掛け捨ての「保険共済型」の着想を得ることで、新たな道を切り拓いたのであった。

社会問題解決のための新たな習慣

ソーシャル・ビジネスのポイントは、理念と経営感覚という、一見したところ異質な要素を結びつけた点にある。ソーシャル・ビジネスの目的は社会的課題の解決にあり、その意味では、自らの組織の存在理由を消滅させることこそが、組織のゴールとなる。組織の存立それ自体を自己目的としないことが、ソーシャル・ビジネスの生命線であった。

同じような課題を国や地方自治体などが解決しようとする場合、すでに述べたように、予算や施設といった点で制約が多い。まずは法律や条例をつくり、予算と人員を確保して事業を開始するとなれば、時間もかかる。これに対し、ソーシャル・ビジネスははるかに機動的である。反面、財政的な裏付けが弱いだけに、むしろ経営やビジネスの感覚を必要とする側面もある。

逆に、ソーシャル・ビジネスが始めた事業を、国や地方自治体が採用することもある。駒崎氏の場合も、フローレンスの活動を受けて、厚生労働省が病児保育の事業を検討するようになる。しかしながら、駒崎氏はこれを歓迎すべき事態だと考える。彼らが自らのノウハウを公開することで、国を含めた事業者の数が拡大し、結果として試みが「点から面へ」と拡大するからである。

「僕たち社会起業家は、事業を通じて社会問題を解決するモデルを創り出す。あとは、多くの人にそのモデルを真似てもらったり、あるいは行政が法制化したりすることでそのモデルが全国に拡散する」[5]。

多くの日本人は、社会問題の解決を行政の役割だと思い込んでいる。ある意味で、「無関心のくせに依存する」[6]ことこそが、現在の日本人の精神性を象徴していると駒崎氏はいう。そうだとすれば、ＮＰＯやソーシャル・ビジネスこそが、行政が見放した、もしくは手を出せずにいる領域に積極的にカバーしていくべきではないか。そうでない限り、社会的課題は放置されてしまうと彼は説く。

ある意味で、駒崎氏らが始めた試みは、本書でこれまで論じてきた、新たな「習慣」をつくり出すものであると評価できるだろう。それまで手つかずであった社会的ニーズを見出し、それを実現するためのノウハウを開発する。そのようなノウハウはやがて、一つの種子のように他の場所へと拡がっていく。

出発点にあるのはもちろん、明確な社会性に基づいた理念である。この理念こそが信頼を生み、社会的課題を明確にする。駒崎氏が紹介する「言葉が認識を生んで、認識がアクションを生み、アクションが変化を生む」という言葉は[7]、プラグマティズム的発想との類似性を感じさせる。

5――駒崎『「社会を変える」を仕事にする』、二三二頁。
6――駒崎『「社会を変える」を仕事にする』、二一八頁。
7――朝日新聞記者である秋山訓子《のりこ》氏から、この言葉を投げかけられたと駒崎氏はいう。駒崎『「社会を変える」を仕事にする』、一九一頁。

もちろん、それは実験としての側面をもつ以上、つねに成功するとは限らない。あるいはむしろ、失敗事例の方が多いかもしれない。とはいえ、重要なのは、そのような試みがなされることである。とくに行政や企業以外の主体が、そのような実験を先んじて行うことに意味があるということが、駒崎氏の事例からもわかる。

そこから社会の、国家や行政に対する依存体質が変わり、市民自身が自らの手で公共を創り出す可能性も出てくるのではないか。それこそが、駒崎氏の目指す「社会を変える」なのである。

ソーシャル・ビジネスと政治

そのような駒崎氏にとって、政治とはいかなる存在なのであろうか。彼は著者の問いに対し、自分自身が政治家になる意志はないと答えた。[8] かといって、「社会を変える」ことを目的とする彼にとって、政治が無縁であるわけではない。

ただし、駒崎氏の念頭にある政治とは、狭い意味での投票行動に限定されない。「カギは投票によらない社会改革だと思います」[9]と駒崎氏はいう。その背景には、彼らの世代が数の上でいえばマイノリティになるという現実がある。[10]

数的に優る高齢者の利益が政治に反映されやすい現状では、数で勝負しても難しい。むしろ若い世代が政治や行政とは独立に、自らのイニシアティブで行動を開始し、解決策を示す。そしてそれを元に、世代間の協力関係を模索する道筋を、駒崎氏は描き出した。年金問題にしても、純然とした世代間闘争にしないことが重要と彼はいう。

さらに、選挙以外で政治に働きかける手段として駒崎氏があげるのが、「ロビイング」である。普通、ロビイングといえば、各種利害関係者が政党に働きかけ、一定の影響力を行使することを意味する。場合によっては、資金力や集票力を通じて、自らの特殊利害の実現をはかるという意味で、否定的なニュアンスとともに語られることも少なくない。

これに対し、駒崎氏のいう「ロビイング」とは、強い意志をもった集団が有力政治家に働きかけ、あくまで説得を通じて政策の実現をはかることを意味する。「それは問題意識をともにし、理念を語り合ってこそ実を結ぶ。理念を抜きにしてたんに人の紹介や口利きをお願いするのは、あまり得策ではない」[11]。

駒崎氏がその成功例としてあげるのが、寄付優遇税制である。これは二〇一一年に衆参両

8——「政治時評2012」(『朝日新聞』、二〇一二年一月二八日付朝刊)。

9——「政治時評2012」(『朝日新聞』、二〇一二年一月二八日付朝刊)。

10——このことに加え、そもそも現在の二〇代、三〇代は正規と非正規雇用の分断もあり、一つの世代としてのまとまりに欠けると駒崎氏はいう。

11——駒崎『「社会を変える」を仕事にする』、一〇六頁。

院で可決された改正NPO法によるものであり、それが実現したのも、「NPOロビイスト」が、NPO議連の与野党議員を説得して回った成果であると彼はいう。

この法改正により、今後、認定NPOに対して行った寄付が税額控除の対象となる。これによってNPOの資金獲得がより容易になるばかりでなく、寄付を通じて社会を変えていく可能性が拡大すると駒崎氏はいう。

「欧米では個人も企業も日本に比べて寄付がしやすい。それは、寄付を払った分、税金を一部払わなくても済むような仕組みがあるためだ。すると税金の使い方に納得していない人々は、国よりも効果的に問題を解決してくれそうな団体に寄付をする。こうした動きが積み重なり、莫大なお金がNPOやその集合体であるNPOセクターに集まってくるのだった。日本には、それがなかった[12]」。

このような状況が、法改正により変化し始めたことの意義を駒崎氏は強調した。結果として、人々は従来、基本的には政府に委ねるしかなかった税金の使い道について、決定権の一部を政府から取り戻すことになる。「寄付には政治の民主化を促す要素もあります」と駒崎氏は説く[13]。

もちろん、このようなロビイングや寄付行為に懸念が残らないわけではない。例えば、「NPOロビイスト」の活動は、全米ライフル協会によるロビイングと、はたして完全に異質といえるかどうか。また、寄付行為による政治への働きかけは、寄付する余裕をもつ人々の影響力のみを拡大するのではないか。こういった問題については、さらなる検討が必要である。

とはいえ、駒崎氏が「投票によらない社会改革」の可能性を拡大しようとしていること自体の意義は大きい。問題は、日本社会とその民主主義が、そのような可能性をどのように活かしていくかにあるといえるだろう。

変革の担い手

ちなみに、駒崎氏は、ソーシャル・ビジネスが発展したからといって、行政の役割が減るわけではないと考える。「警察や上下水道の管理、治水や選挙の準備などは、やっぱり国や自治体の仕事として残ります。むしろ「公務員にしかできないこと」に人員と予算を集中した方が、よっぽど良い仕事できますよ」[14]。彼の本に登場する福祉課職員はそのように語る。

かつて一九世紀の社会主義者が、国家権力を奪取し、最終的には国家の廃滅を夢見たのに

12――駒崎弘樹『「社会を変える」お金の使い方』、英治出版、二〇一〇年、一二九頁。
13――「政治時評2012」(『朝日新聞』、二〇一二年一月二八日付朝刊)。
14――駒崎『「社会を変える」お金の使い方』、一六三頁。

対し、現代の社会変革者たちは、はるかに柔軟な思考法をもっているようだ。彼らは国家の役割を認め、その力を借りることを辞さない。場合によっては、「ロビイング」による働きかけさえも行う。

とはいえ、彼らは政治や行政とソーシャル・ビジネスとの間にはっきりとした一線を画し、自分たちの力で社会変革の「習慣」を生み出していこうとする。社会の多様性を生み出すのは、自分たちの役割であるという自負もある。

駒崎氏は政治家の仕事について、次のように指摘する。これまでの政治家は、社会的成長の果実を再配分する人々であった。これに対し、これからの政治家は、痛みの分かち合いをする人々である。この点については、本書でも冒頭から「収縮時代の民主主義」の困難として強調してきたものと重なる。が、駒崎氏はそこからさらに一歩を進める。

駒崎氏は、政治家の役割と社会起業家の役割を次のように対比する。政治家が「新たなイノベーションの苗床をつくる人」であるとすれば、自分たちは「あくまでもイノベーションを起こすプレーヤー」である。[15] 政治の役割は、多様な社会的変革が行われるための環境を整備・促進することにあり、そこで変革の担い手になるのは「アントレプレナー（起業家）」であるという信念が、確固としてみられる。

デューイは民主主義を実験として捉えた。そして、そのような実験を行う可能性が幅広く人々に開かれていることこそが、民主主義の証しであると考えた。そのような意味からすれば、駒崎氏らの試みは、まさにデューイ的なプラグマティズムをもっともよく継承するものである。まさに、現代日本においてもまた、「民主主義の種子」はまかれ、すでに力強い成長を開始しているといえるだろう。

2 「島で、未来を見る」

地域における実験

本書では、民主主義とは実験であるというデューイの言葉を、繰り返しとりあげてきた。その場合、誰がその実験の担い手であるかが問題となる。もちろん、デューイにとって、すべての人間にその可能性が開かれていることが肝心であったはずだ。とはいえ、担い手のイメージをより明確にすることはできないのか。

15——「政治時評2012」(『朝日新聞』、二〇一二年一月二八日付朝刊)。

前節でとりあげた駒崎弘樹氏は、社会起業家こそが「イノベーションを起こすプレーヤー」であると強調した。彼にとって、政治家、あるいは政治の役割は、「新たなイノベーションの苗床をつくる」ことにあった。いわば、実験の担い手は市民社会のアクターであって、政治はそれをバックアップしていく存在だというわけである。ここには、駒崎氏なりの明確な変革の担い手のイメージがある。

とはいえ、現代日本社会において、変革の担い手は社会起業家に限られないはずだ。本節と次節では、まさに民主主義の実験が行われている現場として、地域社会をみていきたい。それではなぜ、地域社会に注目する必要があるのだろうか。

あらためて強調するまでもなく、明治維新以来の日本の近代化にあたって、大きな推進力として機能したのは東京の中央政府である。「富国強兵」を掲げた明治政府は、西洋諸国をモデルにさまざまな改革案を実行していった。もちろん、その際に、地域社会は単に受け身で中央からの指示に従ったとは限らない。産業化をめぐる近年の研究は、[16]「地方からの産業革命」としての側面があったことを明らかにしている。

とはいえ、いわば近代化の「前半戦」においては、社会を特定の方向に向けて変えていく力が大きな意味をもったことは間違いないだろう。すなわち、「近代化」といった場合、それが政治的なものであれ、経済的なものであれ、あるいは社会的なものであれ、ある種の方向性が前提とされていた。

しかしながら、「再帰的近代」が語られる今日、[17] 言い換えれば近代化が二周目に入った今日、目指すべき改革の方向性については、むしろ「ローカル」な視点からの模索が重要になっている。すなわち、日本全体で目指すべきゴールを探すよりは、それぞれの地域社会において、実験や模索を行う必要性が高まっているのである。

このことは消極的にいえば、進むべき共通の未来像が得られにくくなっていることを意味する。が、より積極的にいえば、地域社会に固有の条件の下、その地域に暮らす人々自身のイニシアティブが重要になっているということでもある。

たしかに日本の地域社会をめぐる状況は厳しくなるばかりである。以下にとりあげる、島根県の海士町《あまちょう》などは、まさにその限界事例であるかもしれない。少子高齢化が進むなか、離島という地理的条件から他の自治体との合併も難しい。頼るべき産業があるわけでもなく、財政破綻がいよいよ現実化しつつある。

ところが、そのような過酷な条件において、驚くべき現象が起きているとすれば、それはいったいどういうことなのか。そこに、日本の未来に対する何らかの示唆はないのか。より

16――中村尚史『地方からの産業革命――日本における企業勃興の原動力』、名古屋大学出版会、二〇一〇年。
17――宇野重規『〈私〉時代のデモクラシー』、岩波新書、二〇一〇年を参照。

詳しくみていきたい。

人口の一割がIターンの島

島根県の沖合六〇キロの位置に隠岐《おき》諸島がある。そのうち、有人の島は四つあり、それぞれ西ノ島町、海士町、知夫村《ちぶむら》、隠岐の島町を形成している。空港は隠岐の島町にあるが本数は多くなく、本土との交通を含め、船が重要な交通機関となっている。そのため、台風になれば、隣の島に行くにも苦労することになる。

このうち、海士町は人口が二三〇〇人ほどの島、中ノ島にある。島ではあるが、良質の水源があるため、稲作も行われている。この半農半漁の町は、近年、その積極的なIターン政策によって話題になっている。

地域で生まれ育った人が、いったんは他の場所で就学・就労した後で再び故郷に戻ってくることをUターンと呼ぶが、元々その土地に何の縁もない人が、新たにその地域に移り住むことをIターンという。

海士町の場合、三〇〇人を超える人々がIターンでこの島にやってきており、定住率も高い。結果として住民の一割ほどがIターン者ということになるが、特筆すべきは二〇代から四〇代の若者や働き盛りの世代が多いということである。結果として、総人口こそ増えないが、いわゆる活力人口の増加によって、人口バランスを改善している。何よりも、島に活気をもたらしている。

中には、これから紹介する阿部裕志《ひろし》氏のように、[18]トヨタ自動車などの大企業をやめてこの島にやってきた人がいる。また、岩本悠《ゆう》氏のように、アジア各地域をめぐった後に海士町にIターンし、島唯一の高校である隠岐島前《おきどうぜん》高校を活性化して、全国から「島留学」の生徒たちを受け入れている人もいる。この島に関心をもち、研修というかたちでやってきた、外国人の若者の姿もみかける。

ちなみに、この町は最近、いろいろな賞を受けている。二〇〇七年には「地域づくり総務大臣表彰」の「大賞」を受賞している。これは五年以上にわたって継続的に地域の発展につくしている団体に与えられる賞である。また、二〇〇九年には「にっけい子育て支援大賞」を受賞。出産祝い金などの拡充により、実際に出生数が増加したことがその理由である。

面白いのは全国高校生「観光甲子園」のグランプリである。高校生が主役になって地域をアピールし、実際に商品化をめざすことのできる地域観光プランを競うイベントだが、すでに言及した隠岐島前高校は、その第一回大会で文部科学大臣賞を受賞している。かつて少子

18――筆者は二〇一二年八月一〇日に阿部氏にインタビューを行った。

化で存続すら危ぶまれた高校による快挙である。
いったいこの島で何が起きているのだろうか。

「生き残りの戦略」

すべての出発点となったのは、島民の間での危機意識の共有である。

少子高齢化、過疎化の進むこの島では、長らく公共事業こそが町を支える産業であった。しかしながら、その負の遺産として地方債が膨らみ、二〇〇三年にはついに、毎年の返済額が町の年間予算の三分の一を占めるほどになった。これに加え、人口減少と地財ショックによって、地方交付税が大幅に減少する。ついには財政再建団体への転落を目前にするに至ったのである。

同じ時期「平成の大合併」により、海士町においても、隣接する町村との合併話が持ち上がった。とはいえ、現実には別の島々であるから、合併による行財政の効率化はあまり期待できない。島の歴史への愛着もある。このような状況の下、海士町では一四の地区すべてで住民集会が行われ、合併するかどうかが議論された。

合併には、短期的には特例債などのメリットもある。とはいえ、島民が選んだのは、単独での生き残りであった。これが困難な道であることは、誰の眼にも明らかであった。にもかかわらず、苦渋の選択をすることで、島民は自らの退路を断ったのである。

海士町の改革を主導した山内道雄町長は、後にこう書いている。「2500人の町だからこそ、できることもあるのです。小さいからこそ、小回りも利いて、臨機応変に動くことができる。何より住民ひとりひとりの顔が見える。その気になれば、全員の意見を聞いて回ることだってできる。これ以上、民主的な町があるだろうか。そう考えることもできるのです[19]」。

この言葉は、町長のやせ我慢なのかもしれない。とはいえ、理想の国家の人口を五〇四〇人としたプラトンや、「ひと目で全体が見渡せる大きさ」が理想的であるとしたアリストテレスを連想させる言葉ではある。住民同士の徹底した議論に基づく自己決定という意味では、たしかに理想的な民主主義である。

いずれにせよ、やるべきことは明らかであった。島が生き残っていくためには、人々が暮らしていくための収入の手段を確保することが不可欠である。そのためには、島の特徴を生かした産業をつくり出さなければならない。

とはいえ、町長が着手したのはまず、自身の給与削減であった。このことはやがて管理職

19――山内道雄『離島発　生き残るための10の戦略』、NHK出版、二〇〇七年、一八五頁。

職員、さらに一般職員の給与カットに拡大していく。あくまで行政自身が身を削ることで、町民との危機意識の共有をはかったのである。自分たちだけが安全なところにいるわけにはいかないという、決意を示したものでもあった。

ちなみに、海士町のロゴは「ないものはない」という言葉を図案化したものである。島にはあれがない、これがないというのはやめよう、という島民自身の意志表明と受けとれる。が、逆にいえば、「あるものはある」ということである。この島には間違いなく美しい海と緑がある。空気もいいし、水もいい。

とはいえ、このような豊かな自然も、人間に活用されなければ、「ある」とはいえない。いまや海士町では、島の豊かな産物を全国に売り出すべく、さまざまな取り組みがなされている。サザエカレーのレトルト、CAS（Celles Alive System）という新技術によるイワガキやイカの全国商品化。さらに、隠岐牛はいまや、東京の市場でも高い評価を得るに至っている[20]。

すべては島に元々あったものを商品化したものだ。とはいえ、島の住民には、島にあるものの価値がみえにくい場合もある。そこで役立ったのが「外部の目」であった。町は、すでに指摘したように、Iターンを積極的に受け入れるとともに、商品開発研修生と称して、全国から若者を募集した。思い切った試みだが、そのような「将来への投資」が次第に実を結んだのが、現在の海士町の姿であろう。

その意味では、海士町を活性化することに成功したのは、住民同士の徹底した議論に基づく自己決定と、積極的・戦略的に「外部の目」を導入したこととの組み合わせによるものであった。いわば、外部の視点をとり入れた内部の熟議と自己決定こそが、コミュニティ復活の鍵であったことになる。

もちろん、両者の間には緊張もある。が、山内町長は「昔からの住民と新しい住民がこの島で暮らしていく中で、島の新しい価値観ができあがっていくものなら、できあがっていくだろうと思います[21]」と、むしろこのことを積極的に捉えている。

コミュニティデザイン

もちろん、そのための方策もとった。近年、「人がつながるための新しいしくみ」として「コミュニティデザイン」を提唱する山崎亮《りょう》氏を島に招いて、町の総合計画を住民参加によって作成したのである。

20――隠岐牛は元々は稚牛として出荷されていたのを、成牛まで育てることでブランド化したものである。これを行ったのが、建設業の経営者であったのが興味深い。
21――山内『離島発　生き残るための10の戦略』、一四一頁。

海士町では「AMAワゴン」と称して、島の中学生と一橋大学などとの交流事業を行っていた。その一橋大学教授であり、地域経済の研究で知られる関満博氏が、兵庫県の家島諸島《いえしましょとう》で「いえしまプロジェクト」を展開していた山崎氏を、海士町に紹介したのである。

第3章第3節で、「ソーシャル転回」について触れた。現在、構成員が自由に入れ替わる可能性を前提に、コミュニティを形成する手法が開発され、広く共有され始めている。そのような手法の一環である「コミュニティデザイン」を掲げる山崎氏が、Uターン者とIターン者、さらに地元継続居住者の間のコミュニケーションをはかることを課題とした海士町と出会ったことは、ある意味で運命的であった。

せっかく総合計画をつくるなら、住民も行政職員も参加して、みんなで町の将来について語り合うべきではないか。このように考えた山崎氏は、そのプロセスで参加した住民をチーム化して、それぞれの提案を自ら実施させることを目指した。[22]

最初に行ったのは住民のヒアリングである。このことを通じて住民構成やその関心を知るとともに、計画策定ワークショップへの参加を促した。このような住民と、役場のほぼ全職員が加わって、「ひと」「暮らし」「環境」「産業」の四つのチームが結成された。[23] 一年をかけた話し合いの結果としてまとまったのが、海士町の総合振興計画である『島の幸福論』と、その別冊『海士町をつくる24の提案』である。

とくにユニークなのが、『海士町をつくる24の提案』であり、ここでは二四の提案が、「1人でできること」「10人でできること」「100人でできること」「1000人でできること」に分類されている。

「1人でできることは明日からでもすぐに始めればいい。10人でできることはチームですぐに始めればいい。100人でできることや1000人でできることは行政と協働して進める必要がある。何でも行政に頼るのではなく、自分たちにできることは自分たちでやり、どうしてもできないところだけを行政と協働する」と山崎氏はいう。[24]

実際、四つのチームからはその後、「海士人宿《あまじんじゅく》プロジェクト」、「鎮竹林プロジェクト」「お誘い屋さんプロジェクト」「水を大切にプロジェクト」などが立ち上がっている。計画を作成することだけが重要なのではない。その過程の共有を通じて、その後も続くような新たなチームが現れることがもっとも大切なのである。

22——山崎亮『コミュニティデザイン　人がつながるしくみをつくる』、学芸出版社、二〇一一年、一二四－一四二頁。
23——すでに触れたIターン者である岩本氏は「ひとチーム」に、阿部氏は「環境チーム」に入っている。
24——山崎『コミュニティデザイン』、一三六頁。

「島で、未来を見る」

このようにして海士にやってきて活躍する若者の代表的存在が、すでに触れた阿部裕志氏である。少年時代にはロケットをつくって宇宙に行くことを夢見た阿部氏は、トヨタ自動車に就職した後、海士町に来て、現在はまちづくり会社「巡《めぐり》の環《わ》」の代表取締役をつとめている。

とはいえ、阿部氏はけっして都会生活につかれ、田舎暮らしに憧れてこの島に来たわけではない。阿部氏やその仲間である信岡《のぶおか》良亮《りょうすけ》氏にとって、島に来たのは「未来を見る」ためであった。それぞれの経緯で島にやってきた若者たちは、新たな実験を開始したのである。

人口減少や少子高齢化、財政難など、海士町が直面している課題は日本社会の縮図である。が、もしこの島で持続可能な社会モデルをつくり出せるなら、それは日本社会の希望となりうる。阿部氏たちが考えたのは、ニューヨークでも、東京でもなく、海士町から「社会を変える」ことであった[25]。

「ここまで海士が〝攻める〟若者を引き込むのは、海士が大きな未来へのビジョンを持っていることと、関わることのできる〝余白〟が残されていることにあると思っています[26]」と阿部氏は分析する。田舎にユートピアを求めたのではなく、なりたい自分になるために、この島にやってきたというのである。

そのような阿部氏たちは、起業するにあたっても戦略的である。例えば補助金である。地域で雇用を生み出すためには一過性でないイベントが必要だが、かといって政府の補助金に依存し続けるのは望ましくない。

「補助金が出る間には最も理想的な形をつくって規模を大きく展開し、補助金がなくなってからも、スケールを縮小して自主運営できるモデルにすることが、長期にわたって地域で新しい雇用を生み出すことに貢献でき、国の補助金を無駄にしないことになるわけです。僕たちはすべての補助金事業で、このモデルを徹底させています[27]」。

さらに、新たにやってきた自分たち若者が、島に受け入れてもらうにはどうすればいいか。島ではまだ物々交換がさかんであることを知った彼らは、そこで交換されているのが気持ちや心であることに気づく。「物々交換的に物事を考えると、島（地域）で生きていくために大切な要素は、「島（地域）に居てほしい人」になることです[28]」。

25――株式会社巡の環（阿部裕志・信岡良亮）『僕たちは島で、未来を見ることにした』、木楽舎、二〇一二年、八 - 一〇頁。
26――巡の環『僕たちは島で、未来を見ることにした』、四九 - 五〇頁。
27――巡の環『僕たちは島で、未来を見ることにした』、七八 - 七九頁。
28――巡の環『僕たちは島で、未来を見ることにした』、九一頁。

ウェブ制作をしながら島内をめぐり、「何かお手伝いできることはありませんか」と実作業を手伝いながら話を聞いてわかったことは、販路の問題だった。「農業でも漁業でもよい特産物がある。でも、市場流通を通すことで、安く買い叩かれてしまう（中略）。これでは農家は儲からないし、田舎で暮らしたいという人が増えるわけがない。ここを変えなければいけないと思いました」と阿部氏はいう。[29] 現在、巡の環は地域づくりや人材育成事業に力を入れつつ、海士で確固たる位置を確保しているようにみえる。

阿部氏と話をしていて印象的なのは、彼のネットワークが日本中に拡がっていることであった。日本各地で新たな動きを起こしている人々は、相互にその存在を知り、情報交換をしている。人と人が出会うのは都市であるという先入観を、阿部氏たちは軽やかに突き崩してくれた。

いまや地域社会は地域社会として孤立していない。少なくとも、活性化している地域同士は必ずつながっている。むしろ東京などの都市部の住民の方が、そのようなネットワークから遮断され、現在の日本で起きている事態を理解していないのかもしれない。

ここでも、ある地域ではじまった新たな動きが、日本各地で、あるいはそれを超えて伝わり、増幅されている様子がうかがえる。地域発展の新たな「習慣」はまさに、「社会を変え」つつあるのである。

3　被災地に生きる

「弱い」信念

本書の冒頭で、プラグマティズムに対する「偏見」について言及した。結果だけを重視して思想の内実を問わない実用主義、思想的には深みのない表層的な行動主義などといった評価は、いまなお根強い。

これに対し本書では、プラグマティズムが生まれたのは、六二万人もの犠牲者を生んだ南北戦争がきっかけであることを指摘した。信念を共有しない人々の存在を許さないイデオロギー的な対立をいかに克服するか。自身が戦争で傷ついた世代の哲学者たちが苦難の思考の末にたどり着いたのが、プラグマティズムであった。

一例をあげれば、奴隷解放運動への関心をもちながら、ついに戦場に身を投じることのな

29――森健『勤めないという生き方』、メディアファクトリー、二〇一一年、八一－八二頁。

かったウィリアム・ジェイムズにとって、その記憶は生涯つきまとうトラウマとなった。

人は人生においてしばしば、十分な根拠をもたずに選択をしなければならない。むしろ、真に重要な決断とは、明確な答えがないからこそ重要なのかもしれない。その際に道しるべとなる思考法はないのか。ジェイムズが見出したのが、プラグマティズムであった。

不十分な根拠しかないのに、判断を下さなければならないとしたら、人は自らの理念に依拠するしかない。というよりも、人は行動に駆り立てられて、はじめて自らの信じる理念を見出すのだろう。

そして、その場合、その理念を形而上学的・神学的に正当化することは難しい。ただ、その理念を行動に移し、その結果をみて事後的に評価することだけが可能である。プラグマティストたちが、ある理念が望ましい結果をもたらしたなら、とりあえずそれを「真実」と呼んでもよいといったのは、そのような意味である。

プラグマティストたちにとって、「答えがわからない」ということが、その世界観の大前提であった。だからこそ、すべての人は、自分なりの仕方で、自分なりの答えを探す権利をもっている。そして、「答えがわからない」ままに、自らの理念を行動において確認し続けることは、彼らにとってほとんど人生の意味に等しかった。

したがって、プラグマティストたちがいう理念とは、けっして教条的・独善的なものではなかった。それはむしろ「弱い」理念であるといえる。少なくとも、他の人間がそれぞれの理念を試すことを許容する程度には、「弱い」理念――このような理念が現実に形をもって現れたとき、習慣となる点については、すでに触れた。

プラグマティストのいう「主体」とは、自らの内面に閉じこもった孤立的存在ではない。さまざまな社会的相互接触の過程を通じて、多様な習慣が伝達され、最終的に一人の個人の身体に定着したとき、それがその人の「人となり」になり、「私」となる。主体は所与ではなく、結果なのである。

以下、本節では、二〇一一年三月一一日、東日本を襲った大震災の被災地を舞台に、来るべき民主主義の担い手となる主体の像を考えてみたい。

製鉄の町・釜石の歴史

筆者が所属する東京大学社会科学研究所では、二〇〇五年から岩手県の釜石市で地域調査を行っている。[30] 製鉄の町として知られる釜石は、まさに日本の近代化とともに発展してきた

30――「希望を社会科学する」ことを掲げた全所的プロジェクト研究「希望学」では、釜石市を対象に、のべ四〇人近い研究者が現地調査を行った。その成果の一部は東大社研・玄田有史・中村尚史編『希望学［2］希望の再生――釜石の歴史と産業が語るもの』、同『希望学［3］希望をつなぐ――釜石からみた地域社会の未来』、東京大学出版会、二〇〇九年にまとめられている。

町である。

ただし、その歴史は一直線ではない。一八九六（明治二九）年の明治三陸地震、一九三三（昭和八）年の昭和三陸地震、さらに一九六〇（昭和三五）年のチリ地震によって、巨大な津波が町を襲い、甚大な被害を与えた。このうちとくに、明治三陸地震においては、実に町の人口の半数以上が亡くなっている。

これに加え、敗戦の直前には、米軍による艦砲射撃も受けている。この射撃によって、製鉄所の関連施設の九割が全壊した。このように、釜石の歴史とは巨大な災害による破壊の歴史であり、またそこから立ち直ってきた歴史でもあった。

とはいえ、これまでの災害が、製鉄業という町の基幹産業が発展していく過程での出来事であったのに対し、今回の東日本大震災は、製鉄業の衰退期に訪れたという意味で独特である。今まで以上に復興が困難なものとなることは、容易に予想されよう。

日本社会が高度経済成長の時期を迎えていた一九六〇年代、釜石ではすでに合理化による従業員の削減が始まっていた。そしてバブル経済がピークに達していた一九八九年（平成元年）、ついに最後の高炉が操業を停止した。釜石における製鉄の火がすべて消えてしまったのである。[31] 最大九万人を数えた人口は、震災直前には四万人を切るまでに落ち込んだ。

ただし、意外なことに、一九八九年に最低に落ち込んだ製造業出荷額は、二〇〇八年（平成二〇年）には一三六七億にまで拡大し、最盛期のピーク水準を上回っている。釜石製鉄所自身が新規事業によって、構内の有効利用と雇用の確保をはかったのに加え、市の積極的な企業誘致により、町はものづくりの町としての遺産を巧みに継承したのである。ある意味で釜石は、日本全体に先行して衰退と、そこからの復活を経験したといえるかもしれない。

以上に加え、新たに発展した水産加工業や、風力発電など新エネルギーの開発、そしてエコツーリズムなどによって、釜石の新たな歩みが目にみえるようになりつつあったそのとき、巨大な災害が町を襲ったのである。

地震と津波によって、海辺の風景は一変した。犠牲者は八八九人、行方不明者は一五三人にのぼる。多くの住民が避難所、そして仮設住宅への移住を余儀なくされた。施設が破壊された企業のなかには、再開を断念したところもある。現在では、瓦礫の整理は一段落し、町の復興計画も策定されたが、町の再建に向けての過程は、まだその緒についたばかりである。

東日本大震災と復興

一九九五（平成七）年の阪神・淡路の大震災の被害が、都市直下型の地震によるものであ

31——現在では、線材の生産拠点となっている。

ったのに対し、今回の東日本大地震は、太平洋岸を広く津波が襲うことによって多大な被害が生じた。

結果として、死者のみならず行方不明者が多いこと、そして土地そのものが変形・流失してしまったことなどが、大きな特徴となった。また、被災地の多くが、それ以前から人口減少という問題に直面する過疎地であったことも、阪神・淡路大震災と異なる大きな特徴であった。

災害復興にあたっては、支援物資の調達、仮設住宅の提供、瓦礫の撤去と土地整理、さらに生活再建のための雇用拡大などが大きな課題となった。これらの課題に対し、多くの民間組織や個人がきわめて重要な役割をはたしたことは言うまでもないが、すでに触れた震災の特徴もあって、あらためて国や地方自治体の存在に注目が集まったのも事実である。

被災地の自治体職員たちは、自らの家族の安否すら定かでない状況で、献身的に住民の救助・支援にあたり、その後も住民の生活再建に向けて不眠不休の作業を続けた。また仮設住宅の建設や瓦礫の撤去など、個人の力では対処できない問題について、自治体はその力を発揮することとなった。さらに国による「グループ補助金」や「仮設施設整備事業」が大きな役割をはたしたという報告もある。[32]

成熟した市場経済の国として、むしろ「小さな政府」こそが望ましいという言説が力を増していた時期だけに、とくに基礎自治体である市町村の役割がクローズアップされたことは、皮肉な事態であった。公的部門と私的部門とが、どのような役割をはたしていくべきかについて、災害は重要な反省の機会をもたらしたといえるだろう。

にもかかわらず、今後、被災地が真に復興していくためには、その担い手が不可欠であることには変わりがない。行政はそのための基礎をつくり、道筋を描くことはできるが、自らがコミュニティ再建のプレーヤーになることはできないし、望ましくもない。

現在の被災地では、復興予算による公共事業をはじめ、「震災特需」とでも呼ぶべき活況がみられる。とはいえ、このような状態は長く続くはずがないし、その間に後継者問題に悩む中小企業は事業再開を断念していくだろう。コミュニティとしての被災地を担っていく主体の養成が急務である。

企業の「地元」化

今後、被災地を支えていく上で重要なのは、災害にもかかわらず、あるいはそれゆえにむしろ、この土地にとどまり、この土地とともに生きていくことを決意し直した人々と組織で

32——関満博編『震災復興と地域産業２　産業創造に向かう「釜石モデル」』、新評論、二〇一三年、一二三頁。

ある。

　言うまでもなく、個人といい、組織といい、特定の場所に必ずいなければならないわけではない。むしろ、近代社会とは、人々が土地との結びつきから自由に移動・移住する権利を獲得することによって可能になった社会である。「移動の自由」はまさに、近代社会が実現した「人権」のリストの筆頭に位置すべき自由であった。

　このように、人にしても、企業にしても、これまではもっぱら「土地を離れること」によって近代化の道を歩んできたのに対し、成熟社会の到来が語られる今日、むしろ地域との結びつき、あるいは地域への回帰がみられるようになっている。

　地元釜石の中小企業でも、よく耳にするのが、一度は進学のために地元を離れ、東京や仙台などで就職をした後に釜石に戻ってきた人々のはたす役割である。彼ら、彼女らは釜石の外で得た経験や人脈を活用して、親から引き継いだ企業を大きく発展させているという。内外のネットワークこそが釜石再生のポイントであり、[33]「地域に再び戻ってきた人々」がその鍵を握っているのである。

　この点につき、まず企業からみてみよう。地域経済論を研究する関満博氏は次のように指摘する。「事業所が深刻な被災に直面した場合、事業主は再建の意欲を失うことが少なくありません。この三陸技研（釜石のＦＲＰ（繊維強化プラスチック）企業＝宇野註）の場合は従業員たちに自分たちの「仕事」の場を自分たちで再開するという強い意志があり、それに支援団体が応えたのでした[34]」。

企業が立地を決める場合、当然、安価な労働力というのが重要なポイントとなる。とはいえ、仕事の質を高めていくためにも、企業にとって地元との信頼関係を強化する必要が出てくる。企業は生き残り戦略として「地元化」を選ぶのである。

さらに重要なのは人材の確保であった。近年、少子化が進むなか、若者の地元志向が目立つようになっている。すでに指摘したように、いったんは都会で就学・就労しても、地元に雇用の機会さえあれば、地元に戻ることを望む若者が増えているのである。関氏は「かつては都会に人材を集める時代でしたが、現在は企業サイドが人材を求めて地方に向かう時代なのです。このことを「人材立地」と言います[35]」と指摘する。

とくに災害からの復興にあたって、中小企業は自らが地域に支えられる地域的存在であることを、あらためて自覚することになった。逆にそのようなときに操業を続け、物資やサー

33――東大社研・玄田・中村編『希望学［2］希望の再生――釜石の歴史と産業が語るもの』、同『希望学［3］希望をつなぐ――釜石からみた地域社会の未来』。
34――関満博『地域を豊かにする働き方――被災地復興から見えてきたこと』、ちくまプリマー新書、二〇一二年、二五頁。
35――関『地域を豊かにする働き方』、七二頁。

ビスを提供することで、企業は自らの存在意義を地域に示したといえる。雇用の創出と合わせ、あらためて地域と結びついた企業が、復興にあたって地域の基礎的な条件となっていることは間違いない。

「三陸ひとつなぎ自然学校」

もう一つ、被災地における新たな地域づくりの主体として注目されるのが、NPOである。これまで、同じ岩手県の内陸部と比べても、NPOが手薄な地域とされてきた三陸地域では、復興支援で現地入りした組織を含め、NPOの新たな時代が始まりつつある。

その一例として、ここでは釜石市栗林《くりばやし》地区で「三陸ひとつなぎ自然学校」を立ち上げた二人の若者に注目してみたい[36]。二人の足跡をみることで、地域づくりの新たな主体像がみえてくるかもしれない。

伊藤聡氏は、釜石という場所に根ざした活動を行うべく、準備を進めてきた。地元企業につとめた後、地域のNPOである@リアス（アットマーク・リアス）などでまちづくりについて学び、さらに旅館を拠点にエコツーリズムの活動を行う宝来館の従業員として働いた。このようにして、単にNPOの活動に求められる技術や知識だけでなく、釜石に限定されない幅広い人脈を築き上げたことが、その後に意味をもつようになる。

三・一一の後、宝来館とその前にある根浜《ねばま》海岸を拠点に、伊藤氏は地元にかけつけるボランティアや支援物資を受け入れるキーパーソンになった。避難所の支援や瓦礫の撤去、海岸の清掃作業にあたっていた伊藤氏は、やがて北海道に本拠をもつ組織でありながら、いち早く釜石に駆けつけて活動を開始したNPO法人ねおすと合流する。このねおすで活動していた釜石市出身の柏崎未来《かしわざきみき》氏とともに始めることになるのが、「三陸ひとつなぎ自然学校」であった。

伊藤氏はいう。「NPOを立ち上げることが目的ではない。社会的なミッションがあり、それを実現するための一手段がNPOだ。逆に、NPOだけですべてをやる必要もないし、できない。行政や他の団体を含め、課題ごとに手を組んでやっていく。NPOの特質はハードを必要としないことだ。人をつないでいけば、仕事になる。いまはまだたくさんの人が来てくれるが、誰も来なくなったら活動が停止してしまう。今のうちから声かけ、ひとつなぎを重ねておきたい」。

柏崎氏の経歴も興味深い。柏崎氏は釜石を出て北海道で学んだ後、すでに述べたようにNPO法人ねおすのスタッフとなり、子どもを中心とする自然体験のプログラムに従事してき

36――筆者は、二〇一三年六月二一日に伊藤聡氏と柏崎未来氏にインタビューを行った。

た。三・一一後、連絡のとれない釜石に残る家族の安否を気遣う柏崎氏をみて、ねおすの代表である高木晴光氏は釜石入りを決断、震災翌日には青函海峡を渡ることになった。

避難所の子どもの相手をすることから、やがて広く子どもの心のケアや野外活動事業を行うようになった柏崎氏は、あらためて故郷である釜石で活動していくことを決意した。彼女は次のようにいう。

> 地元から「1回は出てみたい」と田舎の人は思う。私もとりあえず北海道の大学に行って都会に出て。暮らしてみて。でも、なんかちょっと物足りなかった（中略）。私は北海道で自然を相手に仕事をして、自然の見方を教わった。「北海道っていいところだなー」と思っていたけど、戻ってきたら釜石もいい。「なんだ、あるじゃない！」ってあらためて気づいて、もっと釜石が好きになったんですよね。
>
> こんなにきれいな川もあるのに全然知らなかった。高校生の頃はまだ車も運転できないから行動範囲も狭いし、気づけなかったんです。でも、それが見えた。だから住んでいたら、もっと見えてくるんだろうなと思って。[37]

柏崎氏にとって、釜石は、あらためて選びとった「地元」である。これまでＮＰＯ活動が手薄な地域だけに、その苦労は絶えない。とはいえ、悩みつつも、一度はこの地域を飛び出た自分だからこそ、釜石の人々が長く守ってきた知識や技能を継承していく人材になりたいと彼女はいう。「「長男だから継がなきゃいけない」ってよく言うじゃないですか。私は長女だけど、そういうつもりではなくて「自分がやりたい」という気持ちがある。津波で被害を受けてしまったから、もう今まで通りにはできないのだけど」[38]。

伊藤氏にしても、柏﨑氏にしても、最初からいまの仕事を考えていたわけではない。とはいえ、「地域に根ざして働きたい」という「理念」を支えに模索を続けているなか、東日本大震災の経験を通じて、現在の活動にたどりついた。NPOという活動を自己目的化するのではなく、あくまで「いま、この場所で何が求められているのか」を考えようとするその姿勢が印象的である。

この二人のような人材は、現在でも被災地のあちこちで活躍しているに違いない。土地に縛りつけられるのではなく、あらためて「故郷」を選び直し、地域との結びつきのなかに自分の存在意義を見出すという主体像は、まさに震災後の日本社会において求められているものであろう。

37——西村佳哲《よしあき》『いま、地方で生きるということ』、ミシマ社、二〇一一年、一一二―一一四頁。
38——西村『いま、地方で生きるということ』、一一五―一一六頁。

これまでの「地域おこし」とは異質な要素を含む、新たな主体とその理念が、生まれつつあるのではないだろうか。

おわりに

プラグマティズムと希望

オバマとプラグマティズム

プラグマティズムの思考はけっして古びてはいない。むしろ、「答えがわからない」現代だからこそ、その思想的意義はさらに大きくなっている。民主主義像の転換を目指して、プラグマティズムの思想を探ってきた本書の結論である。

このことを違う角度から検証してみたい。現代において、プラグマティズムの思想を独特な仕方で継承する二人の人物がいる。そして、この二人の人物はともに、プラグマティズムを「希望」と結びつけて論じている。それではなぜプラグマティズムは、希望とつながるのであろうか。

第一の人物は、アメリカ大統領バラク・オバマである。オバマがウィリアム・ジェイムズやジョン・デューイの思想的影響を受けていることは、よく知られている。オバマの知的伝記を執筆した思想史家のジェイムズ・クロッペンバーグによれば、「西洋の哲学的伝統に対するアメリカのもっとも重要な貢献、すなわちウィリアム・ジェイムズとジョン・デューイによる一世紀以上前の著作に起源をもつプラグマティズム哲学が、オバマの感性の堅固な土台を培ってきた[1]」。

その場合、プラグマティズムを「ただ短期的に可能なことをやみくもに追い求める」という意味での、「粗雑な実用主義」と取り違えてはならないとクロッペンバーグは強調する。哲学的な絶対主義に挑戦し、物事の不確定性や暫定性を強調するプラグマティズムは、実験を通じての仮説の不断の検証を重視する。そのようなプラグマティズムは、デモクラシーと緊密な結びつきをもっているのである。クロッペンバーグは、「プラグマティズムは、懐疑論者の哲学であり、民主的な討論と政治的決定の結果に対する批判的評価を重視する人びとの哲学である」[2]と指摘する。

アフリカ人留学生を父にもつというエピソードに反し、オバマは深くアメリカの知的伝統に根ざしている。[3]とくにコミュニティの役割を強調し、個人の権利のみならず社会の共通善や、政治を動かす公民の徳を重視する思想を継承しているのが特徴的である。

シカゴにおけるコミュニティ・オーガナイザー（組織活動家）の経験をへたオバマは、ハーヴァード・ロースクールに進学する。この当時の法学界のうち、保守派においては憲法起

1――ジェイムズ・クロッペンバーグ（古矢旬・中野勝郎訳）『オバマを読む――アメリカ政治思想の文脈』、岩波書店、二〇一二年、一二五頁。
2――クロッペンバーグ『オバマを読む』、一二七頁。
3――インドネシアやハワイで青少年時代を過ごしたオバマは、ロサンジェルスのオクシデンタル・カレッジ入学後、本格的に勉学を開始する。彼は政治学者でありトクヴィル研究者として知られるロジャー・ボシェの下で、フェデラリスト、エマソンやソローらトランセンデンタリスト、プロテスタント神学者のラインホルト・ニーバーなどを読んだ。さらにヨーロッパ思想ではトクヴィル、ニーチェ、ウェーバーの著作を好んだという。

草者の意図を最大限に重視する「原意主義」の影響が大きかったのに対し、オバマが親近感を覚えたリベラル派の法学者の間ではむしろ、オリヴァー・ウェンデル・ホームズらの法学的プラグマティズムの影響力が増しつつあった。

この法学的プラグマティズムは、法を社会問題を解決する一手段であり、歴史と文化の所産であると考える。「左派の法学的プラグマティストたちの大半は、デューイとデューイに息を吹き込まれた一九三〇年代のリアリズム法学から、社会民主的な改革のアジェンダ——すなわち法を、さまざまな目的のために活用可能な武器であるとする理解にもとづいたアジェンダ——を継承していると考えていた[4]」。

法学界の革新主義者たちは、このようなプラグマティズムと同時に、共和主義的なアメリカ史解釈、ジョン・ロールズやコミュニタリアニズムの政治理論、さらに熟議民主主義を取り入れ、一九八〇年代の法学研究に多大な影響を及ぼしたが、若きオバマが吸収したのは、まさにこのような知的空気であった。

オバマの希望

シカゴに戻って弁護士となったオバマはやがて政治の道に進む。州と連邦の上院議員を経験したオバマが、全国的な注目を集めたのは、二〇〇四年の米民主党大会における基調演説においてであった。

このスピーチでオバマは希望をテーマに選んでいる。しかし、その場合の希望とは「安易な楽観主義（blind optimism）」ではないと、彼は強調する。同じフレーズを、オバマは二〇〇八年の大統領選でも繰り返し口にすることになるだろう。[5] オバマのいう希望とは、単に「何か将来、いいことがありそうだ」というような発想とは根本的に異質であり、むしろ、「耐える」ことや「待つ」ことと結びつくものであった。

スピーチの、そして後にオバマの著書のタイトルになったのは、「大胆不敵な希望（*The Audacity of Hope*）」である。[6] あるいはむしろ「（現在の状況において）希望を語る大胆不敵さ」と訳すべきかもしれない。要は、およそ希望のもてない、苦境のさなかにあって、あえて逆説的に希望を語ることの意義をオバマは重視したのである。

それと同時にオバマは信じることの意義を強調する。希望とは目に見えないものである。証明せよといわれても、証拠のあげようのないものこそが希望である。それでも、それに向

4――クロッペンバーグ『オバマを読む』、七四頁。

5――オバマの「希望」の概念については、次を参照。宮崎広和「オバマの希望――「もう―ない」から「まだ―ない」へ」、東大社研・玄田有史・宇野重規編『希望学4　希望のはじまり――流動化する世界で』、東京大学出版会、二〇〇九年。

6――バラク・オバマ（棚橋志行訳）『合衆国再生――大いなる希望を抱いて』、ダイヤモンド社、二〇〇七年。

けて人々が耐え、働き、戦うことによって達成される何かが希望であると彼がいうとき、どうしても「ローマ信徒への手紙」の一節が思い起こされる。「見えるものに対する希望は希望ではありません。(中略)私たちは、目に見えないものを望んでいるなら、忍耐して待ち望むのです」(八章二四-二五節)

もちろん、オバマがアメリカ国民に向けて訴えるのは、キリスト教的な意味での救済ではないだろう。彼が説く希望とは、アメリカ政治と民主主義が約束したはずの希望である。政治の一つの役割は、「私たちの中にある」、すなわち、私たちがすでに潜在的に望んでいるものを、言葉を通じて目に見えるように表現し、そのことによって一人ひとりの「よりよいもの」への変革の「希望」を、社会全体の変革へと結びつけていくことにある。その意味で、政治には希望が不可欠である。

オバマにおいて顕著なのは、根底における懐疑主義の傾向である。このことは彼が若き日々から、ニーチェやニーバーに傾倒していたことからも明らかであろう。そして彼がプラグマティズムを自らの哲学として選んだのも、その延長線上にあるはずだ。

しかしながら、オバマは単に懐疑の淵に沈んだわけではない。彼は、「民主主義が約束するもの」への希望を信じた。そして、その実現に向けて、激しいイデオロギー対立の時代における対話と熟議、実験による社会の漸進的改良の意義を説き続けたのである。このようなオバマの姿勢に、現代におけるプラグマティズムの強い影響をみることが可能だろう。

リチャード・ローティ

ここでもう一人、とりあげたいのが、哲学者のリチャード・ローティである。現代アメリカの思想・哲学界で、プラグマティズムの潮流をもっともよく継承する人物を一人あげるとすれば、ローティの名をあげる人も多いはずだ。実際、ローティは、自らの哲学とプラグマティズム、とくにデューイの思想との親近性を隠さない。あるいはむしろ、デューイの名をかなり意図的に強調しているようにも思われる。

ここで「意図的」と書いたのは二重の意味がある。一方において、ローティは哲学的には反基礎づけ主義の立場にあり、真理や理性など、知識を基礎づける確実な基盤の存在を認めない。その意味で、フーコーやデリダなど、フランスのいわゆる「ポストモダン」の思想に近いものとして理解することも可能である。

にもかかわらず、ローティは自らの思想があくまでプラグマティズムを継承するものであることを強調する。ここには、自らの思想をあくまでアメリカの知的伝統に位置づけようとするローティのねらいが見てとれよう。

他方、ローティはプラグマティストのなかでも、とくにデューイを強調する。ジェイムズにも副次的に言及するが、パースについてはほとんど触れない。とはいえ、ローティの思考法は、デューイよりはむしろパースに近い。

ここまで述べてきたように、デューイは形而上学的な独断を排し、実験を強調した思想家である。その限りにおいてローティとデューイに通じるものがあるのは確かだが、哲学における偶然性や偶発性(あるいは「偶有性(コンティンジェンシー)」)を強調する点では、ローティはパースに近い。

これに対し、ローティとデューイは違いも目立つ。とくに、政治的にも平等志向の民主主義者であったデューイに対し、ローティは政治における「残酷さ」を回避しようとする自由主義者であった。

それでも、ローティがデューイを強調するとすれば、そこにはやはり意図があるのだろう。デューイといえば、二〇世紀アメリカの左派=リベラル派を代表する存在であるが、ローティもまた、自らを左派の伝統に位置づけようとする。[7] その場合に、ニューディール政策を推進したフランクリン・ローズベルト大統領から、ケネディ大統領、そして貧困撲滅を訴え、「偉大な社会」をスローガンに掲げたジョンソン大統領までを重視するのがローティの特徴である。

逆に、六〇年以降に大学を拠点として発展する、いわゆる「文化左翼」に対して、ローティは敵愾心を隠さない。ローティのいう「文化左翼」とは、マルクス主義やフーコーの哲学、さらにはラカン派の心理学の影響の下に、ジェンダーやエスニシティに秘められた権力性を告発する左翼である。ローティは、「文化左翼」のうちに、理論志向と傍観者的態度を見出す。これに対しローティはむしろ、六〇年代以前のアメリカ左翼がもっていた「改良主義」的志向を重視する。

ローティのみるところ、アメリカにおける真の左翼の伝統を築いたのは、ホイットマンとデューイである。ローティの定義する「左翼」とは、あくまで世俗主義の立場から、それでも社会正義を信じ、社会改良を目指していく立場を意味する。その視点からすれば、アメリカはまだ「未完の国家」であり、したがって過去を回顧したり美化したりすることは左翼的でないことになる。

このような定義からすれば左翼とは、必然的に「希望の政党」になるとローティはいう。ホイットマンとデューイは、アメリカの使命を原罪の観念から解放し、むしろ未来において実現されるべき民主主義への信念と結びつけた。このような伝統的なアメリカの左翼は、国有化と計画経済よりはむしろ、コミュニティと平等主義的な社会政策を追求した。未来を理

7――リチャード・ローティ（小澤照彦訳）『アメリカ　未完のプロジェクト』、晃洋書房、二〇〇〇年。

論的に見定めるよりはむしろ、一つひとつの問題を解決していくことで、来るべき民主主義に近づいていこうとしたのである。

その意味で、「ホイットマンとデューイは、希望を知識の代わりにしようとした。二人は、アメリカ人に共有されるユートピアの夢――この上もなく慎み深く洗練された社会の夢――を、〈神の意志〉、〈道徳法則〉、〈歴史の法則〉、〈科学的事実〉といったものの知識の代わりにしようと思った[8]」と、ローティはいう。

プラグマティズムと民主主義

この本を終えるにあたって、もう一度、プラグマティズムによる民主主義像の転換についてまとめておきたい。

本書の冒頭で強調したように、通常、民主主義といえば、「民意＝一般意志」の存在を前提に、それをいかに政治において実現すべきかを考える。本書ではこれを、〈ルソー型〉の民主主義と呼んだ。しかしながら、問題は、はたして本当にそのような人々の単一の意志が存在するのか、仮に存在するとしても、それをどのように明らかにするのか、ということであった。

もちろん、政治社会の単一の意志というのは、あくまでフィクションであり、それも必要、な、フィクションである、という答えがありえよう。とはいえ、現代日本のように、あまりに不安定で移ろいやすい「民意」が問題になる場合、このフィクションに過剰にこだわるべきか、あらためて検討する余地も生じてくる。

本書の出発点にあったのは、無条件に人々の集合的な意志を前提にできないこと、そしてそもそも人間の意志とは、行為に先立って自明に存在するわけではないということであった。場合によって、人々は行為の後になって自分の意志を発見する。行為の最中にははっきりしなかったものが、終わってみてようやく「自分はこういうことをしたかったのだ」とわかることがあるのである。

そうだとすれば、行為の前にその理論的根拠や格率を探すよりは、むしろ行為を通じて人々が自らの意志を確認していくことの方が重要なのかもしれない。そして、そのような人々の意志が、行為を通じて相互に影響を及ぼし、社会全体のダイナミズムを生み出していく過程にこそ、注目すべきなのかもしれない。民主主義もまた、時間のなかで生成変化していくような、動的イメージを取り入れる必要がある。

プラグマティズムにおいて、民主主義の動的側面を表現するのが慣習であった。民主主義

8――ローティ『アメリカ』、一一四頁。

社会において、すべての個人はその生を通じて「実験」を行う権利をもつ。一人ひとりの個人は、生の意味を確認すべく、自らの境遇と向かい合う。その過程で、人は多様な習慣を身につけるが、その多くは、いつの時代に、どのような人間がつくり出したのかもわからない。とはいえ、それを取り入れることで、人は別の個人と結びついていき、その習慣に込められた「理念」を継承する。

現代日本における「民主主義の習慣」

本書では、現代日本の各地で、新たな「民主主義の習慣」が生み出されていることに注目した。そこでは、その担い手が地域社会に根ざした存在であること、若い世代から注目すべき新たな動きが生じていることが明らかになった。このことはけっして偶然ではないはずだ。成熟社会と呼ばれるに至った現代日本社会において、新たな変革の「余地」はどこに残っているかといえば、「ローカル」な場所であり、かつ行政や企業など既存の主体の手がまだ及んでいない領域であるといえるだろう。逆にいえば、社会のシステム化が進んだ今日、中央政府や大企業もまたそのシステムに完全に組み込まれ、これを根本的に改めることは容易ではない。

とはいえ、そのようなシステム化から取り残された場所や領域が存在しないわけではない。

そして間違いなく、このような「余地」に自らの働くべき課題を見出し、そこでの活動に生きがいを見出す若者たちがいる（もちろん、若者以外からも、既存のシステムに属さない、新たな「主体」が登場する可能性があるし、実際にそうなりつつある）。

彼ら、彼女らは、自らの方法論を明確にもっている。政治や行政、あるいは企業にはできないことを見定めつつ、場合によってはむしろ、大胆にその力を借りることも辞さない。

病児介護という、社会的にはニーズがありながら放置されていた課題を発見した駒崎弘樹氏、地域の出身者ではないにもかかわらず、むしろ外部の視点で離島の価値を再発見し、発信する阿部裕志氏、さらに被災をきっかけに、自分の故郷をあらためて「選び直し」、地域との新たな結びつきを模索する伊藤聡・柏崎未来の各氏は、まさに日本の新たな民主主義を予感させてくれる変革者であった。

しかも、彼ら、彼女らはけっして例外的な存在ではない。その周辺には、同じような問題意識をもち、相互に連絡をとりつつ、新たな「民主主義の習慣」を伝播していく人々がいる。興味深い一例をあげるとすれば、現在の釜石で「キッチンカープロジェクト」を行っている（株）プラットフォームサービスという会社があるが、その「釜石復興支援オフィス」の責任者は、釜石入りする以前に島根県海士町で働いていたという[9]。

このように、現在、日本各地で働く変革者たちは、相互に密な連絡を行い、それぞれがしていることを強く意識している。必ずしも一つの場所に居続けるとは限らず、場合によっては「卒業」し、元の場所で学んだ知識やノウハウを、違う場所に活かそうとしている。そのようなネットワークは、日本国内に限定されるものではないが、あくまで具体的な地域で働こうとしている点は共通している。

民主主義と希望

このように、現代日本社会においても、民主主義の「種子」は少しずつ根を下ろしつつある。もちろん、その「種子」が今後も順調に発育をとげ、さらに相互につながって一つの「森」を形成するようになるかは、予断を許さない。とはいえ、プラグマティストたちが教えてくれたように、民主主義とは本来実験であるとすれば、実験の結果があらかじめ予測できないのは当然であるともいえるだろう。

現在は「未来の見通せない時代」であるといわれる。しかしながら、オバマやローティが強調するように、未来とは本質的に理解不能なものであり、安易に未来を予測できるとする言説や理論の方が危ういのかもしれない。

未来とは、人間にとって本質的に他者である。人はそれを完全に予測することはけっしてできないし、すべてをコントロールしようとすれば、かえって事態を硬直化させてしまう。

結果として、出会うべき他者にも出会えなくなる。

むしろ、現代のように「未来の見通せない時代」だからこそ、すべての個人が自らの信じるところに従って「実験」を行う権利があるというプラグマティズムの教えに希望があるのだろう。

グローバル資本主義と民主主義の相剋の下で、左右のイデオロギー的分断を乗り越え、社会的連帯を回復しようとしたオバマが、政治的に行き詰まっている姿を見るにつけ、現代社会における希望がきわめて困難なものであることは明らかである。

とはいえ、「安易な楽観主義」や古くさい進歩史観を脱却しつつ、それでも民主主義の約束を信じ続けることにしか、私たちにとっての希望はありえない。結果はわからないとしても、自分自身が「民主主義の習慣」を実践し、それが「社会を変える」ことにつながっていくという信念が、いま静かに広がりをみせている。

9——関口仁氏。筆者は、二〇一三年六月二一日に「釜石復興支援オフィス」の関口氏を訪問した。

あとがき

「君は、誰がアメリカでもっとも偉大な哲学者だと思う?」

薄暗い喫茶店のなかで、彼がとつぜん聞いてきた。「う〜ん」、とっさには答えが出てこない。そもそも、アメリカに「哲学者」なんていたかな。「ウィリアム・ジェイムズなんか、好きですけどね」。とりあえず、そう答えてみる。

「たしかに、ジェイムズは読むに値すると思う。でも、もっとも偉大なのは彼じゃない。チャールズ・サンダース・パースだ」。「パース?」。パースといわれても、どんな本を書いているのか、さっぱり思いつかない。

「そう、パースだ。彼は二〇世紀を代表する哲学者だ。まさに天才といっていい。パースと比べれば、フーコーなんて、しょせん秀才に過ぎない」。フーコーなんて目じゃないということか。すごいことをいうな。そう思いつつも、とりあえず聞いているしかない。「パースは、カント・クラスだ」。

ここで「彼」と書いているのは、アメリカ・コーネル大学のリチャード・スウェッドバーグ教授。北欧の出身で、経済社会学を専門とする研究者である。トクヴィル研究者としても知られ、筆者が所属する東京大学社会科学研究所の全所的プロジェクト研究、「希望学」にも協力して下さった。

とはいえ、当時、在外研究でコーネル大学に滞在していた筆者にとって、直接お会いするのははじめてである。いま思うと、いったいどうして、こういう話題になったのか、思い出すことができない。なぜか突然、そういう話になったような気がする。

しかし、この会話こそが、筆者が本書を執筆する最初の出発点になった。コーネル大学に滞在中、筆者はばくぜんとプラグマティズムへの関心をもつようになっていたが、スウェッドバーグ教授の一言が決定的な一撃となった。以後、在外研究のほとんどの時間は、プラグマティズム研究に割かれることになった。実際に読んでみると、パースの書く文章はひどく難解だったが、それでも筆者のプラグマティズム熱が冷めることはなかった。

同時に、鶴見俊輔『アメリカ哲学』から伊藤邦武『パースの宇宙論』に至る、日本のプラグマティズム研究の水準の高さにも瞠目させられた。すっかりプラグマティズムに感化された筆者が、その魅力の一端だけも伝えようと思って執筆したのが本書である。

ただし、この本は、けっしてプラグマティズムの解説本ではない。筆者は本書をあくまで、筆者にとってのデモクラシー研究の延長線上に捉えている。

とくに筆者はこの数年、『トクヴィル　平等と不平等の理論家』（講談社選書メチエ、二〇〇七年）、『〈私〉時代のデモクラシー』（岩波新書、二〇一〇年）といった本を執筆している。その関連でいえば、本書『民主主義のつくり方』は、筆者にとって「デモクラシー三部作」の三冊目にあたる。

これら三冊はいずれも、一九世紀フランスの政治思想家アレクシ・ド・トクヴィルの研究から出発した筆者が、現代社会の諸問題を射程に入れつつ、広義でのデモクラシー論として執筆したものである。

良きにつけ悪しきにつけ、人々を伝統的に結びつけてきた社会的紐帯が弱まる平等化社会において、人々は何を求め、どのようにして生きるのか。個人と個人の関係、個人と社会の関係は、いかなる原理によって規定されるのか。また、そのような社会において、集団的自己決定としてのデモクラシーははたして可能か。トクヴィルを導きに、筆者なりにこれまで思考を積み重ねてきた。

このうち、『トクヴィル　平等と不平等の理論家』は、トクヴィルそのものに焦点をあてたものである。ただし、以前に執筆した『デモクラシーを生きる――トクヴィルにおける政治の再発見』（創文社、一九九八年）が、トクヴィルにおける「政治」の概念に着目したとすれば、『トクヴィル　平等と不平等の理論家』は、彼の平等論に重心を置いている。そこに筆者なりの、現代的な問題意識が反映されているといえるかもしれない。

『〈私〉時代のデモクラシー』は、より直接的に現代社会を論じたものである。成熟社会といい、再帰的近代といい、ある意味で近代社会も転換期にさしかかったとされる今日的状況を、この本では〈私〉の視点から分析を試みている。

一例をあげれば、同じ平等といっても、その意味は時代とともに大きく変化している。人々は今日、単に他の人と同じように扱われるだけでは、もはや納得できない。少なくとも他人と同程度には特別な存在として扱われることこそが、現代的な平等の感覚である。ある意味で、〈私〉の平等といえるかもしれない。

それでは、そのような諸個人は、いかにして〈私たち〉をつくり出していくのか。『〈私〉時代のデモクラシー』では、いまだ萌芽的なかたちでしか、この問いに答えることができなかった。本書はこの問いに対し、正面から答えようとするものである。

それではなぜ、プラグマティズムが、現代デモクラシーの行き着いた隘路に対する解決となるのか。詳しくは本書を読んでいただくしかないが、世に流布する、実用主義とも訳され、哲学的深みにはかける実践的な思想とされるプラグマティズムのイメージが、完全に誤っているということだけは、強調しておきたい。

この思想は、南北戦争というアメリカ史上最大の内戦の荒廃のなかから生まれたものである。自分が信じることだけを絶対視し、他の信念を許容しないときに何が生じるか。その痛切な反省から生まれた、あらゆる人が、自らの信じるところを実験することを許す思想こそが、プラグマティズムである。

一人ひとりの個人が、自らの生をもって、自らの信じるところを試してみる。問題は、そのような諸個人の営みがいかにして結びついていくかであった。この問いに対し、プラグマティストたちが注目したのが「習慣」であった。

このようなプラグマティズムの思考を手がかりに、そしてその彼方にあるアメリカの原-思想というべきものを再発見することで、本書はいわば「民主主義の習慣」を論じた。それはどこか、日本における民主主義の原-思想にも通じるものであった。

民主主義に対する不満や疑問が噴出する今日の日本において、本書が少しでも民主主義について前向きに論じていく手がかりになることを、心より願っている。

ちなみに筆者これまで「デモクラシー」という言葉をしばしば使ってきたが、本書では

「民「民主主義」を多用している。トクヴィルがいう「デモクラシー」は、狭い意味での政治体制のみならず、そこでの人々の関係や精神までを含むものであった。そのため、あえて「民主主義」という訳語を避け、「デモクラシー」としてきたのだが、本書ではより直接的に集合的意思決定としての「民主主義」を論じている。

最後に、本書を執筆するにあたって、支えて下さった方々にお礼を申し上げたい。まずはもちろん、スウェッドバーグ教授。教授なしには、筆者のプラグマティズム熱はそもそも生まれなかったかもしれない。

関連して、筆者をコーネル大学に招いて下さった、コーネル大学法科大学院のアナリース・ライルズ教授と、同大学東アジア研究所所長の宮崎広和教授に感謝したい。希望学のプロジェクトを通じて知り合ったこのお二人のおかげで、筆者は客員研究員としてコーネル大学に滞在することができた。

さらにライルズ教授からはデューイについて、宮崎教授からは希望の思想的意味について、多くを学ばせていただいた。結びでも触れたが、オバマ大統領はプラグマティズムの影響を強く受けた人物であるが、三人集まるとオバマについて論じることが多かった。ちなみにライルズ教授は、ハーバード・ローレビュー編集部で、オバマと一緒に働いたことがあるという。

本書の最初の構想は、山口二郎教授を代表とする「市民社会民主主義の理念と政策に関する総合的考察」（日本学術振興会科学研究費による）の研究会において発表させていただいた。会に参加され、コメント下さった諸先生に感謝したい。

さらに、本書の第四章では、現代日本の各地で活躍する多くの方々に登場していただいた。この数年、筆者が直接お会いして、お話をうかがった方ばかりであるが、これらのみなさんのおかげで、筆者は日本の民主主義の未来に対する絶望から免れている。今後のさらなるご活躍をお祈りするばかりである。

筑摩書房の石島裕之さんにもお礼を申し上げたい。思えば、石島さんから、最初にこの本の執筆をお誘いいただいたのは、かなり前だと思う。構想は二転三転して、結局このようなかたちをとることになった。随分と長くお待ちいただくことになったが、その間に石島さんと交わした議論が、すべて本書に流れ込んでいる。石島さんの友情に感謝したい。

ちなみに、この本はすべて自宅で執筆した。朝、まだ外が暗いうちにベッドを抜け出して、コーヒーで一服した後に執筆にとりかかるのが、最近の私の新たな習慣である。子どもたちが起きてくる前に、どれだけ仕事がはかどるか。「今朝は、どれくらい書けたの？」というのが、朝食の話題になった。その意味で、いままで以上に、この本は家族とともに書いた気がする。妻の麻子と二人の子どもにこの本を捧げたい。

二〇一三年八月　まだまだ暑い夏の日に

宇野重規

宇野重規 うの・しげき

一九六七年、東京都生まれ。九一年、東京大学法学部卒業、九六年、同大学院法学政治学研究科博士課程修了。博士（法学）。政治思想史、政治哲学を専攻。現在、東京大学社会科学研究所教授。『政治哲学へ――現代フランスとの対話』（東京大学出版会）にて第二三回渋沢・クローデル賞LVJ特別賞を、『トクヴィル 平等と不平等の理論家』（講談社選書メチエ）にて二〇〇七年度サントリー学芸賞（思想・歴史部門）をそれぞれ受賞。他の著作に『デモクラシーを生きる――トクヴィルにおける政治の再発見』（創文社）、『〈私〉時代のデモクラシー』（岩波新書）、『西洋政治思想史』（有斐閣アルマ）、『保守主義とは何か――反フランス革命から現代日本まで』（中公新書）、『未来をはじめる――「人と一緒にいること」の政治学』（東京大学出版会）等がある。

筑摩選書 0076

民主主義《みんしゅしゅぎ》のつくり方《かた》

二〇一三年一〇月一五日 初版第一刷発行
二〇二四年一〇月 五 日 初版第八刷発行

著者 宇《う》野《の》重規《しげき》

発行者 増田健史

発行所 株式会社筑摩書房
東京都台東区蔵前二-五-三 郵便番号 一一一-八七五五
電話番号 〇三-五六八七-二六〇一（代表）

装幀者 神田昇和

印刷 製本 中央精版印刷株式会社

 ISBN978-4-480-01583-9 C0331

筑摩選書 0001

武道的思考

内田樹

武道は学ぶ人を深い困惑のうちに叩きこむ。あらゆる術は「謎」をはらむがゆえに生産的なのである。今こそわれわれが武道に参照すべき「よく生きる」ためのヒント。

筑摩選書 0006

我的日本語 The World in Japanese

リービ英雄

日本語を一行でも書けば、誰もがその歴史を体現する。異言語との往還からみえる日本語の本質とは。日本語を母語とせずに日本語で創作を続ける著者の自伝的日本語論。

筑摩選書 0007

日本人の信仰心

前田英樹

日本人は無宗教だと言われる。だが、列島の文化・民俗には古来、純粋で普遍的な信仰の命が見てとれる。大和心の古層を掘りおこし、「日本」を根底からとらえなおす。

筑摩選書 0009

日本人の暦　今週の歳時記

長谷川櫂

日本人は三つの暦時間を生きている。本書では、季節感豊かな日本文化固有の時間を歳時記をもとに再構成。四季の移ろいを慈しみ、古来のしきたりを見直す一冊。

筑摩選書 0014

瞬間を生きる哲学　〈今ここ〉に佇む技法

古東哲明

私たちは、いつも先のことばかり考えて生きている。だが、本当に大切なのは、今この瞬間の充溢なのではないだろうか。刹那に存在のかがやきを見出す哲学。

筑摩選書 0017

思想は裁けるか　弁護士・海野《うんの》普吉《しんきち》伝

入江曜子

治安維持法下、河合栄治郎、尾崎行雄、津田左右吉など思想弾圧が学者やリベラリストにまで及んだ時代、その弁護に孤軍奮闘した海野普吉。冤罪を憎んだその生涯とは？

筑摩選書
0038

救いとは何か

森岡正博
山折哲雄

この時代の生と死について、救いについて、人間の幸福について、信仰をもつ宗教学者と、宗教をもたない哲学者が鋭く言葉を交わした、比類なき思考の記録。

筑摩選書
0040

100のモノが語る世界の歴史1
文明の誕生

N・マクレガー
東郷えりか 訳

大英博物館が所蔵する古今東西の名品を精選。遺されたモノに刻まれた人類の記憶を読み解き、今日までの文明の歩みを辿る。新たな世界史へ挑む壮大なプロジェクト。

筑摩選書
0041

100のモノが語る世界の歴史2
帝国の興亡

N・マクレガー
東郷えりか 訳

紀元前後、人類は帝国の時代を迎える。多くの文明が姿を消し、遺された物だけが声なき者らの声を伝える――。大英博物館とBBCによる世界史プロジェクト第2巻。

筑摩選書
0042

100のモノが語る世界の歴史3
近代への道

N・マクレガー
東郷えりか 訳

すべての大陸が出会い、発展と数々の悲劇の末にわれわれ人類がたどりついた「近代」とは何だったのか――。大英博物館とBBCによる世界史プロジェクト完結篇。

筑摩選書
0043

悪の哲学
中国哲学の想像力

中島隆博

孔子や孟子、荘子など中国の思想家たちは「悪」について、どのように考えてきたのか。現代にも通じるこの問題と格闘した先人の思考を、斬新な視座から読み解く。

筑摩選書
0044

さまよえる自己
ポストモダンの精神病理

内海 健

「自己」が最も輝いていた近代が終焉した今、時代を映す精神の病態とはなにか。臨床を起点に心や意識の起源に遡り、主体を喪失した現代の病理性を解明する。

筑摩選書 0050

敗戦と戦後のあいだで
遅れて帰りし者たち

五十嵐惠邦

戦争体験をかかえて戦後を生きるとはどういうことか。五味川純平、石原吉郎、横井庄一、小野田寛郎、中村輝夫……。彼らの足跡から戦後日本社会の条件を考察する。

筑摩選書 0052

ノーベル経済学賞の40年（上）
20世紀経済思想史入門

T・カリアー
小坂恵理 訳

ミクロにマクロ、ゲーム理論に行動経済学。多彩な受賞者の業績と人柄から、今日のわれわれが直面している問題が見えてくる。経済思想を一望できる格好の入門書。

筑摩選書 0053

ノーベル経済学賞の40年（下）
20世紀経済思想史入門

T・カリアー
小坂恵理 訳

経済学は科学か。彼らは何を発見し、社会にどんな功績を果たしたのか。経済学賞の歴史をたどり、経済学と人類の未来を考える。経済の本質をつかむための必読書。

筑摩選書 0054

世界正義論

井上達夫

超大国による「正義」の濫用、世界的な規模で広がりゆく貧富の格差……。こうした中にあって「グローバルな正義」の可能性を原理的に追究する政治哲学の書。

筑摩選書 0055

「加藤周一」という生き方

鷲巣力

鋭い美意識と明晰さを備えた加藤さんは、自らの仕事と人生をどのように措定していったのだろうか。没後に遺された資料も用いて、その「詩と真実」を浮き彫りにする。

筑摩選書 0059

放射能問題に立ち向かう哲学

一ノ瀬正樹

放射能問題は人間本性を照らし出す。本書では、理性を脅かし信念対立に陥りがちな問題を哲学的思考法で問い詰め、混沌とした事態を収拾するための糸口を模索する。

筑摩選書
0060

近代という教養
文学が背負った課題

石原千秋

日本の文学にとって近代とは何だったのか？　文学が背負わされた重い課題を捉えなおし、現在にも生きる「教養」の源泉を、時代との格闘の跡にたどる。

筑摩選書
0062

中国の強国構想
日清戦争後から現代まで

劉傑

日清戦争の敗北とともに湧き起こった中国の強国化への意志。鍵となる考え方を読み解きながら、その国家構想の変遷を追い、中国問題の根底にある論理をあぶり出す。

筑摩選書
0065

プライドの社会学
自己をデザインする夢

奥井智之

我々が抱く「プライド」とは、すぐれて社会的な事象なのではないか。「理想の自己」をデザインするとは何を意味するのか。10の主題を通して迫る。

筑摩選書
0068

「魂」の思想史
近代の異端者とともに

酒井健

合理主義や功利主義に彩られた近代。時代の趨勢に反し、魂の声に魅き込まれた人々がいる。彼らの思索の跡は我々に何を語るのか。生の息吹に溢れる異色の思想史。

筑摩選書
0070

社会心理学講義
〈閉ざされた社会〉と〈開かれた社会〉

小坂井敏晶

社会心理学とはどのような学問なのか。本書では、社会を支える「同一性と変化」の原理を軸にこの学の発想と意義を伝える。人間理解への示唆に満ちた渾身の講義。

筑摩選書
0071

一神教の起源
旧約聖書の「神」はどこから来たのか

山我哲雄

ヤハウェのみを神とし、他の神を否定する唯一神観。この観念が、古代イスラエルにおいていかにして生じたのかを、信仰上の「革命」として鮮やかに描き出す。